劳动经济学原理与人力资源管理研究

邓艺琳 ◎ 著

北方文艺出版社

图书在版编目（CIP）数据

劳动经济学原理与人力资源管理研究 / 邓艺琳著.
-- 哈尔滨：北方文艺出版社，2021.9
ISBN 978-7-5317-5241-7

Ⅰ. ①劳… Ⅱ. ①邓… Ⅲ. ①劳动经济学—研究②人力资源管理—研究 Ⅳ. ①F240 ②F243

中国版本图书馆CIP数据核字（2021）第176717号

劳动经济学原理与人力资源管理研究
laodong jingjixue yuanli yu renli ziyuan guanli yanjiu

| 作　　者：邓艺琳
| 责任编辑：张贺然
| 封面设计：弘　图
| 出版发行：北方文艺出版社
| 邮　　编：150080
| 发行电话：（0451）85951921 85951915
| 经　　销：新华书店
| 地　　址：哈尔滨市南岗区林兴街3号
| 网　　址：www.bfwy.com
| 印　　刷：河北盛世彩捷印刷有限公司
| 开　　本：787mm×1092mm　1/16
| 字　　数：200千字
| 印　　张：12
| 版　　次：2021年9月第1版
| 印　　次：2021年9月第1次印刷
| 书　　号：ISBN 978-7-5317-5241-7
| 定　　价：36.00元

版权所有·侵权必究

前言

随着社会的进步与发展，现代企业的生存依赖于多个条件，其中，人力资源是非常重要的，在提高企业竞争能力方面发挥着至关重要的作用。在劳动经济学原理的基础上对人力资源管理进行探讨分析，有助于更好发挥人力资源管理在企业发展中的重要作用。当前，我国已经有越来越多的企业领导开始认识到战略性人力资源管理的重要性，对这方面的关注度也有了一定的提升，相信未来我国人力资源管理会取得更为明显的成效。

本书围绕"劳动经济学原理与人力资源管理研究"展开论述，在内容编排上共设置六章。第一章作为本书论述的基础和前提，主要阐释劳动经济学的背景、劳动经济学与经济学的关系、劳动力市场的功能与关系、劳动力市场的体制差异与演进；第二章探讨劳动经济学下的劳动力需求与供给，内容涵盖短期劳动力需求与长期劳动力需求、劳动力需求的弹性变化及中国劳动力需求演变、劳动力供给的理论基础与应用、个人劳动力供给与家庭劳动力供给；第三章是对劳动力流动与劳动力区域间配置的研究，内容涉及劳动力流动的内涵与理论基础、劳动力流动的成因与影响因素分析、劳动经济学下的城乡劳动力流动、劳动经济学下的区域间劳动力流动；第四章通过三个方面——人力资源与人力资源管理、人力资源管理的产生与发展趋势、人力资源管理理论基础与模式，探索人力资源管理发展及其体系构建；第五章探讨企业人力资源管理的信息化建设与实施，内容涵盖人力资源管理信息化建设的基础与原则、企业人力资源管理信息化建设的基础、企业人力资源管理信息化建设的事项、人力资源管理信息化的开发应用；第六章研究人力资源管理与战略劳动的关系，内容囊括劳动关系管理与战略劳动关系管理、企业的招聘管理、企业的培训管理、企业的薪酬管理。

本书体系完整、视野开阔、层次清晰，本着简明、易懂、集中的编撰原则，阐述了劳动经济学与人力资源管理的基本理论框架，同时也引入某些前沿问题，使全书知识更加系统化、前瞻化。此外，本书还列举出具有启发意义的经济现象，使读者能够完善知识、开阔学术视野、磨砺观察力。

笔者在撰写本书的过程中，得到了许多专家学者的帮助和指导，在此表示诚挚的谢意。由于笔者水平有限，加之时间仓促，书中所涉及的内容难免有疏漏之处，希望各位读者多提宝贵意见，以便笔者进一步修改，使之更加完善。

目 录

第一章 绪论 1
第一节 劳动经济学的背景 1
第二节 劳动经济学与经济学的关系 3
第三节 劳动力市场的功能与关系 4
第四节 劳动力市场的体制差异与演进 12

第二章 劳动经济学下的劳动力需求与供给 19
第一节 短期劳动力需求与长期劳动力需求 19
第二节 劳动力需求的弹性变化及中国劳动力需求演变 26
第三节 劳动力供给的理论基础与应用 39
第四节 个人劳动力供给与家庭劳动力供给 55

第三章 劳动力流动与劳动力区域间配置 66
第一节 劳动力流动的内涵与理论基础 66
第二节 劳动力流动的成因与影响因素分析 68
第三节 劳动经济学下的城乡劳动力流动 75
第四节 劳动经济学下的区域间劳动力流动 79

第四章 人力资源管理发展及其体系构建 84
第一节 人力资源与人力资源管理 84
第二节 人力资源管理的产生与发展趋势 91

第三节 人力资源管理理论基础与模式......97

第五章 企业人力资源管理的信息化建设与实施......106
- 第一节 人力资源管理信息化建设的基础与原则......106
- 第二节 企业人力资源管理信息化建设的基础......111
- 第三节 企业人力资源管理信息化建设的事项......125
- 第四节 人力资源管理信息化的开发应用......139

第六章 人力资源管理与战略劳动的关系探析......145
- 第一节 劳动关系管理与战略劳动关系管理......145
- 第二节 企业的招聘管理......150
- 第三节 企业的培训管理......160
- 第四节 企业的薪酬管理......164

结束语......176

参考文献......177

第一章　绪论

第一节　劳动经济学的背景

劳动经济学是一门"非常迷人"的学科，劳动经济学是一门研究范围极广的经济学分支学科，在现代经济学大家庭里的地位极其重要。劳动经济学研究的对象非常古老，从人类社会诞生之日起，就已涉及了劳动力资源的配置问题。

在现代经济学里，人类社会被抽象成为商品市场、劳动力市场和资本市场这三大市场，而劳动经济学这门学科则以研究劳动力市场为核心内容，涵盖了微观层面的劳动力市场运行和企业内部人力资源配置，以及宏观层面的失业和收入分配问题。在当代经济学研究里，经济理论和经验研究在应用层面上越来越与公共政策结合在了一起，而劳动经济学则成为一门与就业、教育、健康、福利等公共政策最为紧密相关的经济学分支学科。

在我们看来，大量的分歧和争论是因为人们在面对问题时缺乏对于经济规律的认识，而比规律更为复杂的是制度。换句话说，同样的规律，在各国不同的制度背景下将呈现出不同的现象。这些千差万别的现象常常被人们误认为没有规律，或者规律不一样。很多时候，人们在讨论中国问题时，甚至不了解相关的制度背景，误把别国在特定制度背景下出现的现象视作规律，简单地用来对照中国，加剧了人们的争论和分歧。不同的国家在劳动力市场制度方面独具特色，在失业、收入分配、劳动力流动、企业管理等方面的表现也各有差异。

如何在全球化和知识经济的大背景下，有效地制定公共政策，促进就业，减少贫困，控制收入差距，提高人民福利，是人类所共同面临的挑战。强调不同国家制度背景的差异，最终的目的不是去盲目强调这种差异，而是要在差异化的现象中探索共同的规律，并在不同体制的比较中找到本国发展可借鉴的经验。

从劳动经济学这门学科开始，我们将触及一些有关人类社会和中国发展道路的深刻问题。

经济学是一门研究稀缺性资源配置问题的学科，更为一般地来说，经济学是基于理性假定来研究人类行为的学科。劳动经济学是一门经济学，它必须直面现实。

作为经济学的一门分支学科，劳动经济学是以研究如何实现劳动稀缺资源的最优配置为主要内容的。

劳动（或者说劳动力）是一种稀缺资源。即使存在失业、贫困和收入差距，劳动仍然不像空气一样随手可取，相反，使用他人的劳动，就必须付出相应的价格（工资），因此，劳动是一种与土地和资本一样具有稀缺性的资源。资源的闲置和资源的稀缺性并不矛盾，闲置的资源也并不是可以无偿使用的。更为重要的是，即使部分资源被闲置，也并不意味着已经得到利用的那部分资源的价格会降低。如果一种资源的价格不能有效地降低，对这种资源的使用量就很难扩大，对于劳动资源来说也是一样。资源的价格不能有效降低的现象常常被称为价格的黏性。劳动资源的特殊性在于，劳动价格（工资）的黏性与劳动力市场的许多复杂性和特殊性有关，而这又恰恰是劳动经济学成为独立的经济学分支学科的重要原因。

经济学假定经济行为人是理性的，比如，在商品市场上企业总是追求利润最大化，而消费者总是追求效用最大化。那么，在劳动力市场上这些假定仍然适用。在劳动力市场上，企业是劳动要素的需求者，企业是根据利润最大化原则决定其产量和劳动需求的。劳动力市场上的供给者是劳动者自身，一个劳动者通过劳动获取收入，但他也必须同时享受闲暇，一个劳动者安排多少时间去挣钱，又安排多少时间去花钱，也可以被视为理性选择的结果。

有了理性行为人和资源稀缺这两个基本假定，劳动经济学就与经济学有了共同的逻辑起点。

第二节 劳动经济学与经济学的关系

劳动经济学是经济学的一个分支,那么,劳动经济学与经济学肯定有着千丝万缕的联系。虽然从前并没有出现这个学科,但是,依照目前的劳动经济学的研究框架,这些问题应是经济学的核心问题,甚至相对于其他分支经济学而言,它在经济学中的重要地位不但不逊色,反而更加突出。

就现有的经济学框架而言,经济学包含两部分内容:宏观经济学与微观经济学。

宏观经济学的根本在于国民收入的规模决定与变动问题,而在宏观经济学的四大目标中,与经济规模最具相关性的是就业量,就业与失业问题自然是劳动经济学的核心内容。劳动经济学要研究的就是劳动力的有效配置,以及如何缓解失业现象,实现充分就业。从这一角度而言,劳动经济学研究的是对全要素生产率提高最为重要的资源——劳动力的配置,随着这一资源重要程度的提高,劳动经济学在经济学中的地位也会越来越重要。

微观经济学研究的核心问题是价格问题,其中包含要素的价格,那么劳动力的报酬属于价格决定的一部分内容。工资的决定是劳动经济学研究的中心。同时,劳动经济学部分内容也是对经济学的进一步发展。在以古典经济学为基础的劳动经济学体系中,首先假定了劳动力是同质的,这一假定与劳动力市场的复杂性存在明显的距离,以此为基础的研究并没有完全揭示劳动力市场的本质。劳动经济学对人力资本理论的吸收、劳动力市场的分割研究,以及歧视问题的深入研究都对理论的演进和扩展做出了极有价值的贡献。

从经济学的发展趋向分析,宏观经济学从其诞生之日起,就存在着明显的缺陷,经济总量的形成是无数单个的经济主体活动的结果,如果不能将宏观经济学建立在合理的微观基础之上,那么,宏观经济学也就是空中楼阁。所以,在新古典综合派之后,经济学家一直致力寻找经济学的微观基础。在这方面,新古典综合派、理性预期学派,以及新凯恩斯主义者都做出了杰出贡献。这些学派在经济学的微观基础方面争论的焦点在于劳动力市场是否出清,或者说工资是否黏性。也就是说,所有市场的是否出清与劳动力市场的灵活性有最为密切的关系。他们运用不同的分析工具，得出了不同的结论，与以往的不同之处在于，无论是理性预期学派还是新凯恩斯经济学都没有将市场没有出清的原因归咎于劳动力市场的垄断因素。尤其是新凯恩斯主义者，他们运用信息经济学的理论，将微观基础描述得清晰而充实，在接受了理性预期假设的条件下，得出工资黏性的结论，为经济学开辟了新思路。这些贡献都与劳动力市场有关，因此，可以说，劳动经济学方面的研究处于经济学最前沿的位置。

就目前的发展趋向而言，劳动经济学在未来拥有较广阔的扩展空间。劳动经济学并不能直接解释企业内部关于劳动力薪酬的确定及劳动力的激励行为，劳动经济学的内容也不仅仅局限于这一领域，但是，这门学科最终的落脚点在于在一个社会里如何更有效地利用劳动力资源的问题，这一点应该建立在每个企业有效利用劳动力资源的基础上，而满足这一条件，企业内部的劳动力激励机制至关重要。

在更加现实的管理层次上，人力资源管理则描述了企业为了实现最有效的激励在每一个环节中的具体做法。人力资源管理成为管理学学科中必不可少的一部分，而且，对人的管理在企业中会越来越重要。劳动经济学的发展已将企业内部的劳动力管理问题纳入自己的研究体系，只是在保证企业内部人力资源优化的同时，进一步考虑其外部影响和劳动力市场整体，研究的新进展使之与人力资源管理之间的关系变得更加密切。目前，劳动经济学、人事管理经济学与人力资源管理形成了关系紧密的学科链条。

第三节　劳动力市场的功能与关系

一、劳动力市场的状态

在劳动经济学里，每一个人都对应一个状态，存量划分就是将一个经济中的人口存量按其就业状态区分为不同的类别。一个经济中的总人口存量就被划分成了一些相应的部分，分别对应于不同的概念。

我们可以将一个经济中一定时点的总人口划分为劳动年龄人口和非劳动年龄人口，世界上大多数国家把年龄在16～60周岁的人口定义为劳动年龄人口，在中国，一般将16周岁作为劳动年龄人口的年龄下限，将法定退休年龄作为上限，即男性60周岁、女性55周岁。由于退休年龄长期不变，而预期寿命逐步延长，社会保障的压力越来越大，中国已经开始逐步实施推迟退休年龄的计划。

进一步地，我们可以将劳动年龄人口划分为劳动力人口和不在劳动力人口。"不在劳动力人口"有两种：第一，不能工作或者没有工作能力的；第二，主观地放弃工作或者减少工作量到一定限度的。

根据各国劳动就业统计的惯例，这样一些人员一般是不被列入劳动力人口的：①军队人员；②在校学生；③家务劳动者；④退休和因病退职人员，以及丧失劳动能力、服刑犯人等不能工作的人；⑤不愿工作的人；⑥在家庭农场或家庭企业每周工作少于15个小时的人。在劳动年龄人口中减去以上六类人员的余下部分称为劳动力人口，这是一个国家实际可用的劳动力资源。

一般地，我们将劳动力人口划分为就业人口与失业人口。就业人口一般可以区分为两种情况：①受雇于企业、政府部门或其他经济组织；②处于自我雇用状态，劳动者以个人或家庭为单位进行劳动。

劳动力人口中减去就业的部分即为失业。关于失业的界定有三条通用的标准：①没有工作，既不被人雇用，也没有自我雇用；②当前准备工作，在相应的时期内愿意被雇用或自我雇用；③正在寻找工作，近期内正在积极地寻找被人雇用或自我雇用的机会。

这三条标准的考察都与一定的时期有关，即要求失业者在一定时期没有工作、准备工作并正在寻找工作。

以上三条标准是一般的标准，也非常简单易行。标准简单易行的好处是便于操作，从而有效地将公共资源运用于帮助最需要帮助的失业者。但是，上述三条标准有时是很难把握的，一定要在三类人员中间找到清晰的界线，就可能产生一些统计与现实的偏差。

二、劳动年龄人口的区分

(一) 劳动年龄人口划分的非合理性

统计中，劳动年龄人口可以划分为不在劳动力人口和劳动力人口，劳动力人口又划分为就业人口和失业人口。以上划分都有对应的标准，但相对简单，难免会出现与现实不太相符的情况。

第一，没有非全日制工作者的单独统计。在就业者中，有相当一部分是非全日制工作的，他们有的是自愿减少工作时间，有的是找不到全日制工作，只能减少工作时间。这类人员常被简单地统计为全日制的就业者是不合理的，区分开来统计更有现实指导意义。现在，非全日制的工作正在成为一种降低失业的有效渠道。在中国，很多近年来发展起来的新的就业形式（如钟点工、季节工和临时工）实际上都具有非全日制工作的性质。

第二，因长期失业、丧失就业信心而放弃寻找工作的人员，在统计上被划分为不在劳动力人口。失业者的界定标准要求其必须近期内有积极寻找工作，但实际上有不少失业者，经过长时间的努力，仍找不到工作后，便失去信心，不再寻找工作了。统计上，这类人员被列入不在劳动力人口，但事实上，他们具有劳动能力，也希望就业，只是缺乏信心和合适的机会而长期处于失业的状态，这是一种被掩盖了的失业现象。确切地说，虽然这类人口在统计上属于不在劳动力人口，从其福利状态来说却更接近于长期失业人口。此外，有些人由于找不到工作而宁愿选择去读书，或者参加各类职业培训，或者提前退休，从而成为非劳动力人口的情况，也是一种被掩盖了的失业，并且降低了失业人口的统计数据。目前，在世界各国，特别是在欧洲，因丧失信心而不再寻找工作的长期失业者越来越多，这一问题已经成为当今社会的一大顽症。从某种意义上来说，如果失业率高，但失业的平均周期短，这对社会的伤害并不大，而如果失业的平均周期长，即使失业率低，对社会的稳定危害也很大，因为这时，失业问题将集中在少数人群当中。

第三，简单的就业统计数据无法反映劳动力资源是否被充分利用。劳动者可能出于各种原因，愿意接受一份工资收入比较低的工作，其实他的劳动能力并没有在工作中得到充分发挥。当经济出现衰退的时候，一些人宁愿接受一份较差的工作，也不愿意失业，这种低层次雇用现象如果很普遍，统计数据就可能低估劳动力资源未充分利用的程度。

第四，有些人员没有积极寻找工作，在理论上应属于不在劳动力人口，但他们为了在政府调查中保持良好形象，或为了能够领取失业保险金，却采取欺骗行为，谎称自己仍在积极寻找工作，并假造相应证据等，这样，他们就可能被统计为失业人口。

第五，有些在政府机构登记为失业人口，并领取失业救济金的人，实际上有一些劳动收入来源，他们的工作属于地下经济的范畴，未被政府列入统计对象之中，但他们实际上处于就业状态。在世界各国，地下经济的规模都相当大，其中有一些经济活动甚至具有非法的性质。

第六，在政府统计中，很难区分这样两类与劳动力队伍联系不紧密的人：一是半退休的想找份工作的人；二是想找一份课余工作的学生。如果把他们登记为失业者的话，则政府数据也会夸大真实的失业情况。

（二）劳动年龄人口的划分优化

如果考虑到就业、失业、不在劳动力人口的中间状态，可以用图1-1来对劳动年龄人口作更为细致的划分。

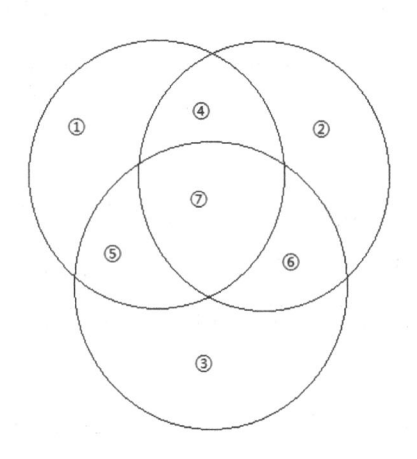

图1-1 劳动年龄人口的细致划分

图1-1中，各个序号的表示为：①就业；②不在劳动力人口；③失业；④自愿的隐形失业；⑤非自愿的隐形失业；⑥学习培训中人员、提前退休人员、失去信息的失业者；⑦从事地下经济的人员。

从图1-1中，我们可以清楚地看到一些介于就业、失业和不在劳动力人口之间的状态。

自愿的和非自愿的隐性失业者形式上都处于统计上的就业状态，但实际上却是部分工作者或完全不工作者，只是形成两种隐性失业的主观原因不同。

"隐性失业"是一个对中国特别有用的概念。在中国这样的发展中国家，往往还存在着大量农业人口，他们的就业不足，但却有收入，因此，在发展经济学中被称为农业"隐性失业"人口。我们通常说的隐性失业，是相对公开失业而言的，它在转型经济的企业里也尤为常见。当一个企业雇用的劳动者数量（或所使用的劳动数量）超过其生产所需时，部分劳动者就会处于无工可做或生产能力未能完全发挥的状态，如果企业没有及时调整，让这种状态持续下去，那么这部分多余的劳动就可称之为隐性失业。说其是隐性的，是因为从表面上看，这部分劳动者并没有失业，他们仍处于被雇佣的、有工资收入的状态。而说其属于一种失业，是因为这部分劳动者的劳动力资源并没有得到充分利用。即使在当前，由于国有部门仍然在就业当中占有一个不小的比例，而国有部门往往不会完全按生产所需而决定雇用数量，于是，隐性失业的问题恐怕也不能说消除了，在经济增速下滑的时期更是如此。

第六类人员有两种情况。一种是因为长期失业而失去工作信心，所以放弃就业或选择学习、提前退休来回避就业的人员，他们被统计为不在劳动人口；另外一种是本身属于不在劳动力人口的一些学生和半退休人员，为了领取失业救济金而登记为失业者。

第七类人员是地下经济的就业者，他们有工作和收入，但他们用各种方式逃避政府的管制、税收和监察，隐藏了他们就业者的身份。这就导致如果他们登记失业并领取救济金，则被统计为失业者，如果他们不登记为失业，则被统计为不在劳动力人口。

当需要对一个经济中失业的状况做出客观评价时，以及需要对失业者实施某种政策措施（如再就业培训和发放失业救济金）时，对劳动年龄人口做如上细致的区分是很有必要的，这有助于对不同类型失业者的动态变化状况进行了解，使得政府的劳动力市场政策能够更有效地针对劳动力市场上的困难群体。也正因此，一些发达国家并不只是采取单一的失业率统计，而是采取多维度的失业率统计。

三、劳动参与率与失业率

（一）劳动参与率

劳动参与率（labor force participation rat, LFPR）可表示为（实际）劳动力人口在潜在劳动力人口中的比率：

$$劳动参与率 = \frac{劳动力人口}{潜在劳动力人口} \times 100\% \qquad (1-1)$$

其中，实际劳动力人口包括就业人口和在积极寻找工作的失业人口。潜在劳动力人口指劳动年龄人口中减去因智力或身体原因丧失劳动能力的人和服刑犯人。各国由于统计指标的差异，对 LFPR 的定义有细微的差异，但都大致反映了一个经济中愿意就业者在适龄人口中所占比例。在实际计算过程中，由于潜在劳动力人口数据可得性较差，因此，通常就以劳动年龄人口为分母计算 LFPR。有时为了计算方便，也以总人口为基础计算 LFPR，相应的比率被称为总人口劳动参与率。虽然以劳动年龄人口或总人口作为分母所计算的劳动参与率并不严格，但其变动趋势还是可以反映出劳动参与率的变化。

（二）就业率

就业率为就业人口与潜在劳动力人口之间的比率：

$$就业率 = \frac{就业人口}{潜在劳动力人口} \times 100\% \qquad (1-2)$$

用这样的指标可以反映一个经济的潜在劳动力人口中有多少在从事商品或服务的生产活动，从而为一个经济创造财富。值得注意的是，按照这一通行的定义，就业率并不等于 1 减去失业率。在中国，人们常常挂在口头的"就业率"与劳动经济学中标准的"就业率"概念并不一致，这点特别需要注意。

（三）失业率

失业率是失业人员在劳动力人口中所占比率：

$$失业率 = \frac{失业人数}{劳动力人口} \times 100\% = \frac{失业人数}{失业人数 + 就业人数} \times 100\% \qquad (1-3)$$

失业率统计一般有两种不同的方法。根据在劳动就业服务机构登记的失业人数计算的失业率，称之为登记失业率；劳动就业部门定期对样本家庭进行调查而获得的失业率，称之为调查失业率。

世界上很多国家同时采用这两个失业率指标，这两个指标存在一定的差距，但一般差距不大。

中国统计失业率主要采取的是登记失业率，而且目前统计范围只针对城镇。城镇登记失业率计算方法是：

$$城镇登记失业率 = \frac{城镇登记失业人数}{城镇就业人数 + 城镇登记失业人数} \times 100\% \qquad (1-4)$$

公式中，城镇登记失业人数是指：有非农业户口，在劳动年龄（16周岁至退休年龄）内，有劳动能力，无业而要求就业，并在当地就业服务机构进行求职登记的人员数量。不包括正在就读的学生和等待就学的人员，已经达到国家规定的退休年龄或虽未达到国家规定的退休年龄但已经办理了退休（含离休）、退职手续的人员和其他不符合失业定义的人员。

城镇就业人数是指城镇单位就业人员（包含不在岗职工，扣除农村劳动力、聘用的离退休人员、港澳台及外方人员）与城镇私营企业业主及其员工、个体户主及其员工之和。

早期，中国的失业率变化与体制的转轨有着密切的关系。在改革以前的计划就业体制下，国家以消除显性失业为目标，同时，在企业内形成了大量的隐性失业。改革开放之初，伴随着大量上山下乡的知识青年回城，城镇失业率（当时叫"待业率"）出现了急剧的上升，为此，国家继续通过计划就业的手段来降低失业率。

（四）自然失业率

劳动力市场存在一种长期的均衡失业率，即使在充分就业的状态下也难以消除。所以，有时自然失业率又被矛盾地称作"充分就业下的失业率"。

自然失业率的存在与充分就业并不冲突。一般来说，总有一部分劳动力在不断地进入和退出失业状态。有些新增劳动力人口（如毕业学生），会进入劳动力人口，有些已有工作的人会换工作，他们都需要花费一定时间去找工作。在没有找到工作前，将有一段时间处于失业状态，由于这种劳动力的合理流动就会形成一定时点上的一定水平的失业率。此外，即使经济在繁荣时期，也会存在劳动力供需双方之间在技术要求和地理位置等因素上的差异。由此可见，自然失业率的形成具有某种摩擦性因素和结构性因素。

四、劳动力市场与其他市场之间的关系

对市场的研究是经济学的中心问题，尤其宏观经济学的内容必须将市场连接起来才能够得到解释。所以，市场之间关系的区分就特别重要。

在经济学中，市场包含商品市场和要素市场两大类，而要素市场又包含劳动力市场、资本市场和土地市场三个部分。

在经济学的分析中，将劳动力市场与资本市场的分析置于更为重要的位置。所以，经济学将商品市场、劳动力市场、资本市场看作三大主要市场，对这三种市场是否能够出清及价格水平高低的讨论成为宏观经济学的最重要问题。

宏观经济学最终讨论的问题主要集中于对商品市场的讨论，这主要包含两个经济指标：商品数量的多少或者经济的总量规模和商品的价格水平，因为这两个经济指标体现着一个国家的经济实力与人们的生活水平。而这两个经济指标在一定条件下与一个国家的资源，主要是劳动力资源是否得到了充分利用相关。这种资源运用越充分，财富的数量就会越多；反之，则存在着人们所普遍担心的失业问题。失业一方面反映了资源的浪费，另一方面是一种严重的社会现象。

除了劳动力市场的就业总量，劳动力市场是否出清也影响着商品市场上的变量。例如，如果劳动力市场是非出清的，就意味着工资的黏性，而工资的黏性则可能造成商品市场的国民收入及价格问题的出现。

上述内容主要涉及劳动力市场与商品市场之间的关系，除此以外，各种要素市场之间也存在着密切的关系，在经济学中，人们主要关注的是劳动力市场与资本市场之间的关系。

在新古典经济学中，劳动力同质的假定给予劳动力与资本的相互替代以很大空间，这也说明，发展中国家向发达国家过渡的道路有多种选择，既可以发挥劳动力的优势，也可以通过资本的积累实现工业化。只要在合理的替代范围内，发展中国家都可以通过资源的有效配置，走向积累财富的轨道。

事实上，许多国家都通过这条道路完成了摆脱贫穷、走向富裕的过程。但是，在技术高度发达的当今社会，劳动力市场与新古典经济学的假定相距

越来越远，劳动力市场的情形越来越复杂。在欠发达地区，劳动力之间的异质性有扩大的趋向，因此，资本与劳动的替代也会越来越复杂。

技术的惊人变化使得劳动的生产率明显滞后于资本的生产率，这必然使初级产品的生产高度集中，即使进入低级产业也变得相当不容易。这就给劳动力与资本的替代设置了障碍，新古典经济学的富强之路并不是越走越宽广。

目前，发展中国家普遍存在的二元结构，实际上是这个问题的外在反映。在现在的发展中国家，不但劳动力市场是必不可少的，资本市场的地位也不容忽视，劳动力与资本如何更加有效地结合，成为这些国家势必面对的课题。怎样获取并合理使用有限的资本是问题的关键之一，也是人们正在尝试做的事情。

第四节 劳动力市场的体制差异与演进

一、就业体制的国际差异

每个国家的体制都不一样。可以将世界各国劳动力市场上丰富多彩的现象视为相同的经济学原理在不同体制下的作用结果，因此，我们在统一了本书的语言和概念之后来比较一下世界各国的就业体制。世界上有太多的国家，我们只能关注那些在经济、政治和文化上比较大的国家和经济体。为此，在此处中我们将世界各国按其经济体制划分为发达市场经济和转型经济两大类，包括四小类，它们分别是：

（1）崇尚自由竞争的英、美市场经济国家。主要包括一些说英语的具有英美传统的国家，包括英国、美国、加拿大、澳大利亚等。

（2）强调国家干预的欧洲大陆市场经济国家。也被称为"莱茵模式"国家，主要包括法国、德国、意大利等欧洲大陆国家，由于日本在建立现代市场经济体制的过程中深深地受到了欧洲大陆国家的影响，因此，也把它归入"莱茵模式"国家。

（3）实行了激进式改革的东欧转型经济国家。主要包括俄罗斯、波兰等东欧国家，这些国家对其计划经济体制采取了激进式的改革方略。

（4）实行了渐进式改革的国家，如中国。在中国，实行的是渐进式的改革方略。

在西方资本主义市场经济发展历程中，经历了长达二百年自由竞争的资本主义阶段。在这一阶段，劳动力所从事的都是简单劳动岗位，劳动力之间的相互替代性很强，因此，这一时期的劳动力市场也始终处于完全自由竞争的状态。虽然在完全自由竞争的劳动力市场下，劳动者的权益未能得到充分有效的保障，工人组织的力量也较薄弱，但这一阶段劳动力市场的运作客观上却为整个资本主义市场经济的发展打下了基础，西方国家在这一阶段加快进行资本积累，同时，劳动力市场也基本形成了工资自由浮动和劳动力资源充分流动的就业机制。

19世纪中叶以来，在空想社会主义和马克思科学社会主义理论思潮的影响下，西方资本主义国家的工人运动有所高涨，劳动者越来越多地以有组织的方式展开争取自身权益的斗争。从20世纪初期开始，失业保险制度等有利于劳动者的法律制度在西方各国逐渐建立。但是，这一时期政府还没有开始对劳动力市场的运作进行太多干预。

一个关键性的转折点出现在20世纪30年代的经济大危机之后，这时凯恩斯主义经济学诞生，结束了新古典主义经济学理论一统天下的时代。凯恩斯主义经济学奉行国家干预主义，认为完全自由的市场经济体制不能保证经济自动、良好地运行，当市场机制运行出现"失败"的时候，政府就有必要出面纠正市场机制的不足。

在劳动力市场上，新古典主义的经济学认为失业是因为一部分劳动者不愿意接受市场竞争形成的工资，而凯恩斯主义经济学认为大量的失业不是由于职工不愿接受更低的工资造成的，相反，正是完全自由的市场经济体制导致周期性的生产过剩和有效需求不足，从而造成经济危机和工人失业。在这一指导思想下，西方国家开始以货币政策、财政政策和收入政策等手段对经济进行干预，以实现经济的稳定增长和劳动力的充分就业。20世纪30年代经济危机之后，工会组织迅速得到加强，对劳动力市场上工资和就业的决定产生了重大的影响。

与资本主义国家有所不同,在社会主义国家中劳动者成了国家的主人,国家通过计划就业体制保障劳动者的充分就业,劳动者之间的收入差距也有所缩小,这些现象也在西方国家产生了一定的影响,对国家干预经济的思潮起到了进一步的推动作用。20世纪70年代以后,西方国家开始面临通货膨胀和经济停滞并存的现象,于是又引发了向自由竞争回归的思潮,在经济学理论方面,以货币学派和理性预期学派为代表的新自由主义理论均主张放弃国家对于经济的干预。到了20世纪80年代,理论界又形成了新凯恩斯学派,这一学派认为失业产生的原因主要是劳动力市场的功能性障碍。在理论逐渐发展的同时,以自由竞争和劳动力充分流动为基本特征的劳动力市场日益得到完善,而政府的职能则是对市场进行适度的干预,在建设社会保障制度和保护劳动者权益的同时保证市场机制的良好运作。

思潮是反映现实的。20世纪50年代以后,西方资本主义制度出现了一些分化的趋势。其中,以美国和英国为代表的一类国家更加崇尚自由竞争,从而形成了所谓"盎格鲁－撒克逊模式"。这类国家工资浮动的灵活性更强,劳动力的流动性也更加充分,但社会保障的完善程度相对较差,于是在这类国家里人们的收入差距较大,而失业率却较低。另外是以德国、法国和日本为代表的"莱茵模式"国家,在这些国家中,工会力量较强,工资浮动的灵活性较差,劳动力流动性相对较低,但是这类国家的社会保障制度却比较完善,企业为职工提供更多的培训和各种福利,有时职工还能够参与企业的管理。所以,在"莱茵模式"国家中,人们的收入差距较小,享受的福利水平较高,但由于劳动力市场的竞争性较差,失业率水平相对较高。

在西方市场经济国家中,劳动力市场从完全自由竞争的状态开始逐渐走向各具制度和文化特征的、有管理的模式。在经济发展的同时,各种经济理论和社会思潮也在不断发展。在这一过程中,职工的权益总体上得到了有效的保护,而政府也适度地干预市场,保证了市场机制充分和良好的运作。虽然在不同市场经济国家的劳动力市场有着一些不同的特征,但是现代市场经济体制下劳动力市场的基本特征是,劳动力充分地参与市场竞争,工资在一定范围内能够有效地浮动,劳动力要素能够充分地流动。非常重要的一点是,即使政府对劳动力市场的运作有所干预,也多以经济手段为主,政府的干预不会影响企业作为劳动力市场独立主体的地位。只要不违法,企业通常能够根据自己的经济目标做出劳动力雇用的决策。此外，成熟市场经济体制下的就业体制是统一的，也就是说，不同的企业面临的是同样的体制环境，一个国家内部的不同地区的就业和社会保障体制也是统一的。成熟市场经济国家的劳动力市场发育过程和基本特征为我们考察中国的劳动力市场发育和就业体制转轨提供了很好的参照系。

二、中国的就业体制及渐进转型

通过对成熟市场经济国家劳动力市场发育过程的回顾，我们可以发现，中国转型时期劳动力市场的发育与西方国家有着迥然不同的历史背景和约束条件。在近现代历史中，中国从来未曾真正地确立过现代意义上的市场经济体制，虽然在中华人民共和国成立前中国的资本主义经济也有所发展，也曾建立过企业内部企业与工会间的工资谈判机制，劳动力的城乡间和地区间流动也是自由的，但这种市场化就业体制仍然处于较为初级的阶段，而且随着中华人民共和国成立后计划经济体制的确立，之前市场化的就业体制也因为与计划体制不相容而退出了历史舞台。

（一）中国就业体制的特征

在中华人民共和国成立以后到改革开始之前的这段时期，中国基本上照搬了苏联的计划体制来实行各种资源（包括消费品和生产资料）的配置。对劳动力资源的配置，中国政府也学习了苏联的计划体制，这个体制的基本特征是：

（1）工资是由政府部门制定和管理的。在计划经济体制下，企业不是一个利润中心，它的任务是完成上级完成的计划，包括生产计划和就业安置目标。企业销售产品后，将所有的利税上交给上级主管部门，再由政府把工资总额下放到企业，而工资水平和级别则由政府统一制定。

（2）劳动力流动和配置是由政府部门实施的。在计划经济体制下，企业的目标是完成计划，再加上政府试图在社会主义体制下消除失业，因此，劳动部门的一个重要目标就是为每一个想工作的劳动力安置工作，而企业则通常在政府的安置下接受了相对于生产所需要的过多的劳动力就业。在这种体制下，企业不能自主地雇用和解雇劳动力，劳动力也不能自主地在企业间、行业间和地区间流动，要流动必须要通过政府部门的"调动"，而能够因各种理由实现"调动"的劳动力数量几乎可以忽略不计。

（3）社会保障的功能是由政府通过企事业单位来提供的。在计划经济体制下，政府试图通过计划手段压低职工的工资，从而控制企业的生产成本，提高企业的利润，然后再把利润转成重化工业的资本积累。为了对低工资进行补偿，政府为企事业单位的劳动者提供了全方位的"社会保障"。在这个体制下，失业保险是不需要的，因为政府包就业，医疗是由单位免费提供的，养老是由企业以"退休工资"的形式发放的，住房是公有的，子女教育也由公立的学校免费提供。这种状况实际上起到了鼓励劳动力就业的作用，也形成了企业办社会的沉重包袱。

（二）中国实行计划就业体制的原因

中国实行计划就业体制的一个直接原因是所有的社会主义国家在当时都以充分就业作为一个重要的目标。尽管有一些经济学家指出社会主义国家虽然表面上实现了充分就业，其实只不过是以隐性失业取代了公开的失业，但这种表面上的充分就业仍然是让实行计划体制的社会主义国家引以为豪的。除了充分就业这一理想化的目标，至少还有以下两点原因促使中国政府选择了计划就业体制。

（1）人口和劳动力资源的快速增长。除了20世纪60年代初的困难时期人口总数有所下降，中国的人口总数自中华人民共和国成立一直保持着快速的增长，而人口的快速增长带来的则是劳动力资源的快速增长。改革开放的最初几年里大量知识青年返城，使得城镇人口的数量快速提高。为了实现城市劳动力的充分就业，中国政府实际上将计划就业体制的实施一直延续到了1985年。在这一阶段，国家实行了"在国家统筹规划和指导下，实行劳动部门介绍就业、自愿组织起来就业和自谋职业相结合"的方针，并相应地调整了所有制结构和产业结构，实行了搞活经济、广开门路的政策，大量安置了就业，降低了城镇失业率，但这一时期的计划就业体制并没有发生实质性的变化。

（2）以重工业为重点的"赶超型"发展战略的实施。几乎所有社会主义计划经济国家在改革前都采取了"赶超型"的发展战略，这一背离自身比较优势的发展战略要求重工业部门有超常规的资本积累，为此，中国实际上相对地抬高了工业品价格，而压低了农产品的价格。这样做的目的是压低城镇职工的工资和生活费用，从而降低劳动力成本，提高企业的利润上缴，为实现重化工业部门的高积累创造条件。所以，控制工资水平及其增长速度也成了计划就业体制的一项重要内容。

在计划就业体制下，城市职工虽然将一部分的劳动所得交给了国家，仅得到了被人为压低的工资，但他们也由此获得了一些其他的利益，其中最为重要的就是没有失业的风险，此外还有养老、医疗、住房等福利。而从政府这一边来看，虽然计划就业体制的实施使得工业部门的高投资得以实现，但却由此而导致了国有企业内部大量的隐性失业和人浮于事的低效率问题，同时也因为职工的养老、医疗和住房等福利造成了国有企业的沉重负担。

（三）中国就业体制未完全市场化的原因

面对传统计划就业体制遗留下来的一系列问题，中国在 20 世纪 80 年代初开始在就业体制中引入一些市场化的因素，以解决当时严峻的就业问题，但是以劳动合同制全面推行和失业保险体系建立为标志的就业体制市场化改革，是从 20 世纪 80 年代才真正开始的，当时，统计的城镇失业率已经降到了历史最低点。

从总体上看，中国的就业体制改革采取了一种渐进式改革的策略，这也是在解决改革、发展、稳定之间的矛盾时的理性选择。具体来说，中国之所以不能很快地实现就业体制的完全市场化，是因为我们在相当长的一段时间里至少面临着以下两个方面的制约因素。

（1）庞大的隐性失业规模和尚待健全的社会保障体系限制了企业富余人员的分流速度。传统的计划就业体制导致国有企业存在着大量的隐性失业，如果将这样大规模的隐性失业进行迅速显性化，就有可能造成像苏联、东欧国家所出现的失业率快速上升和社会动荡等问题。中国虽然自改革开放一直保持着较快速的经济增长，但仍然不足以吸纳如此大规模的隐性失业。另外，中国的社会保障体制也有待完善，失业保险体系的承受力不允许社会上出现大规模的失业队伍。在这种情况下，隐性失业的显性化过程也只能是渐进的。

（2）劳动力的社会保险关系没有理顺，市场就业意识没有形成。在传统的计划经济体制下，职工的社会保险关系一直是与所属企业挂钩的。为了实现向市场经济体制的转轨，中国也开始对社会保障体制进行社会化改革。养老保障、医疗保障在世纪之交的几年时间里逐步与企事业单位脱钩，实现了社会化。在社会保障没有被社会化之前，企业的富余人员心里有后顾之忧，不愿与企业解除劳动关系。同时，劳动者的观念制约也是一个重要因素。企业内的富余人员一般具有年龄大、文化程度低的特点，这些职工都是企业的老职工，大多数都是在劳动合同制实施之前就业的。这些职工在传统体制下是由政府和企业保障其就业的，因此，他们缺乏自主就业和参与竞争的意识，不愿意通过市场渠道实现再就业。

第二章 劳动经济学下的劳动力需求与供给

第一节 短期劳动力需求与长期劳动力需求

一、短期劳动力需求

（一）完全竞争市场环境下的劳动力需求

一个劳动力是否被企业雇用取决于他给企业带来的收益与企业支付的工资（成本）谁更大，企业只会雇用那些产出大于工资的劳动力。

在微观经济学中，生产理论中的短期问题研究的是某些生产要素不可变的情况，而长期问题则研究所有生产要素都可变的情况。因此，在这一节中，假定除劳动以外的其他生产要素均已给定。

企业在短期内的劳动力需求决策从本质上仍然是成本—收益决策，雇用劳动力的成本是工资，而收益则是劳动力创造的产品价值。在一个竞争性的劳动力市场和商品市场上，企业不能控制自己所面临的劳动工资和商品价格，因此，决定企业的劳动力需求的因素主要有两个方面：一是劳动力的边际生产率，劳动力需求随着劳动力边际生产率的提高而提高；二是劳动力的实际工资，实际工资越低，劳动力需求越高。

需要强调的是，在上面这个用文字表述的简单劳动需求模型中，实际上还有一个非常重要的假定，那就是，劳动力市场和商品市场均是完全竞争的市场，也只有在这样的市场环境下，劳动力工资和商品价格才是外生决定的，单个企业只是价格接受者（price taker）。但是，如果劳动力市场和商品市场不是完全竞争的市场，就业决定的机制就需要用另外的模型来描述了。

劳动需求是商品需求的派生需求，如果市场机制是非常完善的，工资和价格都能够灵活地进行调整，那么，在上面这个简单的劳动力需求模型中，企业面临的工资和价格就是使得劳动力市场和商品市场供求均衡的变量（实际上，这假设了商品市场也是完全竞争的）。

但是，现实中的情况是，当商品需求不足时，会传导到劳动力市场上，导致劳动力需求不足。商品市场上的价格往往是有刚性（或者黏性）的，这时，商品市场可能会出现供给大于需求的情况。于是，企业在进行劳动力雇用决策的时候就必须考虑它的商品是否能够卖得出去。在短期内，如果商品供给大于需求，那么，商品需求就决定了企业的生产量，企业就只能根据生产量来雇用所需的劳动力。

上面所讲的三点影响企业劳动力需求的主要因素如果用一个简单的数学加图形的模型来表述就更清楚了。使用模型的好处是，它能够使得分析的结论显得逻辑清楚而严密。但不喜欢数学符号的读者也完全可以跳过下面的数学模型，直接看图形和后面的文字。

要增加就业，增加劳动力需求是关键的措施。影响劳动力需求的因素主要有以下三个方面。

（1）边际劳动生产率。特定的劳动力需求曲线总是与特定的技术水平和资本存量相对应，当技术水平有所提高或者资本存量有所扩大时，边际劳动生产率曲线就会右移，从而导致均衡的就业数量增加。

（2）实际工资。在既定的边际劳动生产率曲线之下，实际工资与均衡的就业数量呈反向变动关系，而实际工资水平则由名义工资和物价水平两者共同决定。在名义工资既定的情况下，物价水平的上升会导致实际工资水平下降，从而增加就业。在短期内，用通货膨胀的方法增加企业的劳动力需求是政府克服经济衰退、提高经济活动水平的重要手段。

（3）商品需求。商品需求是对宏观经济非常敏感的变量，居民收入的下降、未来预期收入的下降都可能引起商品需求下降，从而进一步导致企业的劳动需求下降。中国自20世纪90年代中后期开始，总体上处于消费需求增长相对于经济增长更为缓慢的状态，其中，由社会保障改革和劳动力市场改革所造成的未来实际收入预期下降和收入风险上升可能都是原因。

现实生活中，更为重要的影响商品需求的因素是一些周期性的对需求产生冲击的因素。如果由于需求的负向冲击导致经济增长下滑和失业率的上升，就可以通过扩张性的货币和财政政策来缓解经济增长下滑和失业率上升，这就是凯恩斯主义的核心思想。

一般来说，一个经济的劳动生产率总是处在不断上升的过程之中，劳动力的实际工资水平也同样在不断上升。在劳动生产率和实际工资水平的同步上升过程中，如果实际工资上涨过快，超过了劳动生产率的增长速度，那么就会起到减少就业的作用。相反，如果是劳动生产率上升得更快，那么就业水平就会上升。在20世纪的最后10年当中，美国经济持续增长，并且保持了很低的失业率，其中的主要原因就是这些年来，美国的劳动生产率在技术进步的作用下保持了快速的提高。在2008年经济危机之前的那些年，中国也曾经出现过一段高速经济增长时期，这段时间利率仍然是受到压制的，于是投资增长迅速，带动劳动生产率快速提升，但工资增长速度却不如劳动生产率的增长速度，于是劳动力市场上出现了就业快速扩张，失业率始终处于低位的结果。

（二）不完全竞争市场环境下的劳动力需求

与商品市场和劳动市场都是完全竞争的状态相比，不完全竞争市场环境下的均衡就业量将下降。随着市场从竞争状态变为垄断状态，在市场上拥有垄断力量的一方将从中获益。

只有当商品市场和劳动力市场都是完全竞争市场时，企业的边际劳动生产率才等于外生的实际工资，但是在现实中，商品市场和劳动力市场往往都不是完全竞争的市场，这时可以用图2-1来描述劳动力需求的决定。

在图2-1中，劳动的边际产品价值（value of marginal product, VMP）曲线代表商品市场完全竞争时企业的劳动力需求曲线，这条曲线是边际劳动生产力与价格相乘的结果。如果我们用一条向右上倾斜的S_L曲线表示当劳动力市场也是完全竞争市场时的劳动力供给曲线（工资越高，劳动供给越大），那么，均衡的工资和就业组合就由 E 点表示。

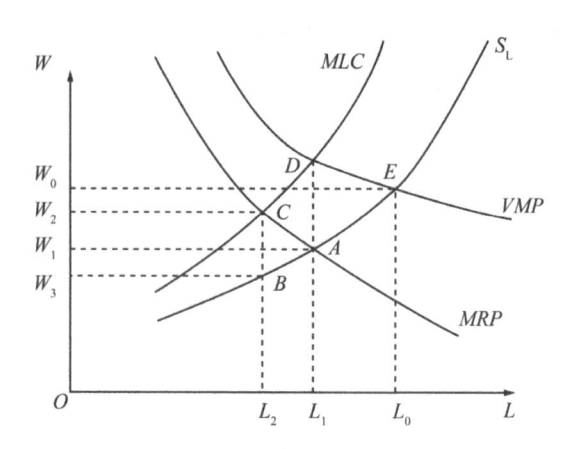

图 2-1　非完全竞争市场上工资和就业的决定

当劳动力市场是完全竞争市场，而商品市场是垄断市场的时候，劳动力供给曲线不变，但劳动力需求曲线却变为劳动的边际收益产品（marginal revenue product, MRP）曲线，这条曲线是边际劳动生产力与产品的边际收益相乘的结果。微观经济学的知识中，产品的边际收益总是低于其价格的，所以，MRP 曲线也总是低于 VMP 曲线。这时，劳动力市场的均衡由 MRP 曲线和 SL 曲线的交点 A 决定，均衡的工资和就业分别是 W_1 和 L_1。显然，与商品市场是完全竞争市场时的情况相比，均衡工资和就业均有所下降。

当企业所处的商品市场是垄断市场，而且工会组织是劳动力市场上唯一的劳动力出售者的时候，企业的劳动力需求曲线仍然是 MRP，而劳动力的供给曲线就不再是 SL 了，而应由劳动力的边际成本（marginal labor cost, MLC）曲线表示。由于边际上新雇用的劳动力所得到的工资水平也必须同样支付给之前已经雇用的劳动力，所以劳动力的边际成本就不只是最后那一个劳动力得到的工资，而是应该再加上之前已经雇用的劳动力工资上升的部分，因此，劳动力的边际成本总是高于其工资水平，MLC 曲线的位置要高于 SL 曲线。这时，均衡的工资和就业由 MLC 和 MRP 的交点 C 决定，均衡的工资和就业分别为 W_2 和 L_2。与商品市场垄断而劳动力市场竞争的情况相比，由于劳动力一方具有了垄断力量，所以工资有所上升，而就业则进一步下降。

最为复杂的情况出现在劳动力市场是一个双边垄断市场的时候，这时企业是唯一的劳动力购买者，工会组织是唯一的劳动力出售者。假定企业在其所处的商品市场上也拥有垄断力量，劳动力需求曲线由 MRP 曲线表示。如果企业能够单方面地决定工资，那么，企业将首先根据 MRP 与 MLC 两条曲线的交点决定均衡的就业量 L_2，但企业不会支付给职工 W_2。由于企业是单方面决定工资的，企业将把工资压低到 SL 曲线与 L_2 相对应的 W_3 水平之上，W_3 与 W_2 之间的距离就是企业对职工的"剥削"。如果工会的力量比较强大，则工会最多可以将工资提高到 W_2 这一水平，这时，相当于工资是由工会组织单方面决定的。传统的理论认为，当工资是由企业和工会组织共同决定时，最终的工资水平将位于 W_3 与 W_2 之间，一旦工资被决定了，那么，企业的边际劳动成本曲线也会发生相应的变化。

但是，在上面的分析中，我们无法知道双边垄断的市场上最终的均衡工资和就业到底在什么位置，传统的经济学理论只告诉我们，均衡的工资和就业水平取决于企业和工会的谈判（议价）能力，而企业和工会之间的相对议价能力则取决于一些比较模糊的因素，如工会组织的参加率等。如果我们需要更为确切地了解劳动力市场双边垄断时的工资和就业的决定，那么就必须借助一种新的分析工具议价理论（bargaining theory）。

二、长期劳动力需求

在经济学里，长期是指劳动和资本两种生产要素的使用数量都是可变的，因此，企业通过调整劳动和资本的使用量来达到其长期的均衡。

（一）劳动和资本的最优使用量

显然，在企业决定劳动和资本的使用数量时，要权衡每种生产要素的边际成本和边际产出，而每种要素的边际成本在竞争性的要素市场上就是它的价格。从直观上可以想象，在长期均衡下，每一种要素的相对产出（其边际产出与价格之比）一定是相等的，否则，对于那些边际产出与价格之比更高的要素，企业就可以增加使用量，这样可以增加利润。

实际上，企业长期的劳动需求也可以用等产量线加预算线的图形分析框架来研究，劳动力和资本相对价格的变化所产生的影响也能够在同样的分析框架中得到说明，这一内容是微观经济学生产理论的经典内容。

（二）劳动和资本要素的替代性

在现实生活中，有些岗位的资本和劳动可替代性比较强，比如，服装加工企业既可以手工操作，也可以用缝纫机。但另一些岗位在资本和劳动之间的替代性比较弱，比如，一架飞机总是要配两个飞行员。当然，资本和劳动之间的替代性本身就和技术的发展有关。比如，在无人驾驶技术被广泛应用之前，一辆车一个司机，这个比例几乎是不变的，但无人驾驶技术成熟之后，司机就可以被替代了。

劳动和资本的相对价格在决定劳动和资本使用量的决策过程中起着关键性的作用，但劳动和资本相对价格的变化对企业劳动力需求的影响还取决于企业所使用的生产技术，即生产过程中资本和劳动之间的替代性。为了说明这一点，我们不妨来看两种极端的情况，即资本和劳动完全不可替代和替代性很强这两种情况（见图2-2）。

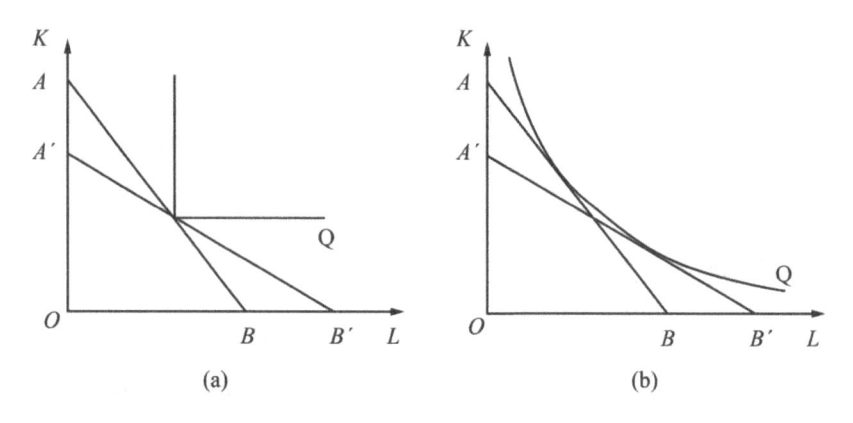

图2-2 资本和劳动的替代性与劳动需求

在图2-2中，我们画了两种生产技术下的等产量线。在图2-2（a）中，等产量线是直角状的，这种生产技术被称为"里昂惕夫式"的生产技术，两种生产要素之间是完全不可替代的，在一条等产量线上仅仅增加其中一种要素的使用量，不能增加总产量。在图2-2（b）中，等产量线非常平坦，两种生产要素之间的替代性非常强，当增加一种要素投入量时，另外一种要素可以减少，在等产量线上，两种要素之间的替代率（等产量线的斜率）变化不大。如果两种生产要素之间是可以绝对相互替代的，那么，等产量线将变成一条直线。

假设劳动和资本的相对价格发生了变化，劳动工资有所下降，但利率却有所提高；同时，假设工资和利率的变化使得企业仍然能够生产原来的产量 Q。在这两个假设条件下，企业的预算线由 AB 旋转到 $A'B'$。在图2-2（a）中，企业的最优劳动——资本组合并不发生变化，但在图2-2（b）中，企业的资本使用量大幅度下降，而劳动使用量却大幅度上升。由此可以得出结论，在企业使用的生产技术下，劳动和资本的替代性越强，企业最优劳动和资本使用量的组合对两者相对价格的变化越是敏感。

对一个发展中的经济来说，在经济发展的初期往往劳动力较为充足，劳动工资相对较低，而资本则相对匮乏、利率较高，这时企业往往使用劳动密集型的生产技术。随着经济的发展，由于劳动力供给增长一般较慢，而资本短缺的状况则会日益得到缓解，这时，劳动工资就会相对上升，从而出现资本对劳动的替代，表现出来的现象是一个国家或地区投资增长和经济增长的速度快于就业增长速度，也就是每单位的投资或GDP增长带来的就业增长是下降的，或者说就业增长的GDP弹性和资本弹性是逐渐下降的。在极端的情况下，短期内，如果资本对劳动的替代过快，还可能导致企业劳动力需求的萎缩（就业增长的GDP弹性为负）。当然，就业增长的GDP或资本弹性为负的情况并不常见，因为当就业数量下降时，如果市场是灵活的，市场工资就会相应下调，劳动力相对资本又会变得更为便宜，于是企业又会增加劳动力雇用数量。

（三）区分技术进步的不同性质

在短期劳动力需求分析中，我们已经考察了当资本使用量不变时技术进步对劳动力需求的作用。在长期，技术进步的作用是使得劳动和资本的生产率均得到提高，也就是说，技术进步会导致等产量线的形状发生改变，在这种情况下，如果要考察劳动力需求如何变化，就必须区分技术进步的不同性质。

在图2-3中，我们画了两条企业的预算线 AB 和 $A'B'$，这两条预算线是相互平行的，这表示劳动和资本的相对价格没有变化。两条预算线分别与两条等产量线相切，这两条等产量线代表着不同的生产技术，但生产的产量水平是相等的（$Q=Q'$）。显然，等产量线 Q' 之下的技术水平更高，生产同样产量所需的投入品数量也更小。如果一个企业发生的技术进步是从用 Q 表示的

等产量曲线变为用 Q' 表示的等产量曲线，那么，在这一过程中，哪怕资本和劳动的相对价格不发生变化，企业所使用的资本—劳动比也可能发生变化。在图 2-3 中，E' 点比 E 点的资本—劳动比有所上升，我们称这种技术进步为节约劳动型的技术进步。相应地，将导致资本—劳动比下降（或不变）的技术进步称为节约资本型（或中性）的技术进步。从人类社会的发展史来看，技术进步的性质往往是节约劳动型的，因为随着社会的进步，劳动总是相对于资本越来越稀缺，于是资本劳动比将越来越高。

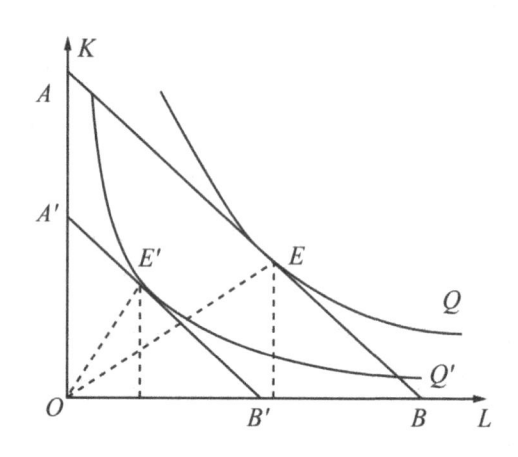

图 2-3 不同技术进步下的劳动力需求变化

第二节 劳动力需求的弹性变化及中国劳动力需求演变

一、中国劳动力需求的演变

中国自 1978 年进行了市场化取向的经济体制改革，经历了计划经济体制向市场经济体制的转轨。与此同时，中国作为一个发展中国家，其经济带有鲜明的城乡"二元"经济色彩，农村和城市的就业体制也有着很大的不同。

（一）中国农村地区的劳动力需求

在改革前，农村地区的二、三产业是受到抑制的。因此，其劳动力需求主要来自农业生产。在农业生产中，劳动力需求又分为人民公社生产中的劳动力需求和自留地上的劳动力需求。在人民公社生产中，劳动力的努力没有得到充分的激励，存在大量的搭便车行为，因此，其目标就是为了完成国家的农业生产计划，这部分劳动力需求就决定于国家的生产计划数量。而在自留地生产中，劳动力的目标是最大化自己家的产量，因此，在劳动力过剩的情况下，其劳动力投入数量就受到自留地数量的影响。所以，在改革前，人民公社生产中的计划产量和自留地数量共同决定了农业劳动力需求。

20世纪80年代，中国农村改革以后实行家庭联产承包责任制，这可以看作是将原来人民公社的土地全部转变成了由家庭经营的自留地，因此极大激励了农民提高农业产量。由于中国农村居民的收入较低，我们可以将农户的目标近似地认为是追求产量最大化，这时农业生产中的劳动力需求就由土地数量决定。农村总劳动力中，除了农业生产所需的劳动力，剩余的劳动力就需要通过其他途径增加就业。

在一个一般的发展中国家，如果不存在劳动力流动的障碍，那么，当农村存在剩余劳动力的时候，农村劳动力将流向城市工业和服务业，这个过程就是发展经济学中的二元经济模型所刻画的城市化和工业化过程。但是，由于劳动力流动障碍，中国的农村劳动力长期以来（特别是在20世纪90年代中期之前）未能充分地流动到城市部门。在这样的背景下，农村地区的乡镇企业得到了快速发展，也吸纳了大量的就业人员。当时，由于一些原因，乡镇企业的生产成本比较低。乡镇企业所使用的农村集体用地没有使用成本；劳动力方面，劳动工资相对较低，劳动力年龄结构比较年轻，没有社会保障负担；资金方面，大量采用自有资金，较少利息支出；技术方面，当时国家鼓励城市的国有企业为乡镇企业提供技术支持。于是，这些乡镇企业迅速成长起来，并且对城市企业形成了竞争。

由于乡镇企业的劳动力需求决定机制与一般市场经济体制下的企业劳动力需求决定机制没有实质性的区别，我们可以近似地认为它的从业人员数量就反映了它的劳动力需求。乡镇企业的从业人员在20世纪的80年代曾经经历过一段高速增长的时期，一度被认为在中国出现了城市、农村和乡村工业并存的所谓"三元经济"模式。但是，这种三元经济模式不是一种发展中国家的普遍规律，它只是在存在乡—城劳动力流动障碍的条件下的一种现象。

只要外在条件发生变化,这种三元经济模式就会发生变化。20世纪90年代以后,特别是1994年以后,农村向城市的劳动力流动障碍得到缓解,同时,随着经济开放程度提高,城市部门形成了大量的劳动力需求,而在农村地区零散分布的乡村工业的竞争优势逐步削弱,于是,乡镇企业在全部就业中所占的份额趋于稳定。同时,又由于农村劳动力毕竟一直未能实现自由向城市移民,工业和农业之间存在的收入差距又不断吸引农业劳动力转移到乡镇企业,于是乡镇企业在农村就业中的份额仍然缓慢增长。

综上所述,改革之后农村地区的劳动力需求主要决定于农村土地的数量和以乡镇企业为主的农村非农业产业的就业吸纳能力。在农村就业问题上,依靠农业就地吸纳被称为"不离土不离乡"的模式,而依靠农村非农产业吸纳的模式称为"离土不离乡"。由于土地数量有限,而乡镇企业的分散生产与工业生产需要发挥规模效应的规律相违背。因此,靠这两种模式来吸纳农村就业的能力是非常有限的。也正因此,农村就业问题最终还是要通过城市化、工业化中的农村向城市的劳动力流动来解决,这就是通常所说的"离土又离乡"的模式。

(二)中国城市企业的劳动力需求

在中国城市,企业的劳动力需求演变经过了三个阶段:①在计划经济体制下,企业的劳动力需求取决于计划产量所需要的劳动力数量;②在计划和市场并存的双轨制下,通常企业利润最大化目标下的生产量已经超过了计划产量,则企业的劳动力需求取决于企业的生产量;③当双轨制过渡完成后,企业的劳动需求量则取决于利润最大化目标下的产量。

在上述历史过程中,由于企业(主要是国有和集体企业)往往有一个由计划就业目标遗留下来的就业存量,因此,企业的实际从业人员数量不能反映企业的真实劳动力需求。在企业存在隐性失业的情况下,企业实际劳动力需求的增长将有相当大的部分用于消化存量就业,因此,并不体现在从业人员的增长上。换言之,在相当长的历史时期内,国有企业(包括事业单位)实际上仍然面临着国家的计划就业存量约束,而且这一计划就业存量一般总是大于企业的实际劳动力需求的。这样一来,就造成中国的从业人员数量统计和GDP统计的变化并不一致,从业人员数量的变化主要与国家就业体制改革的进程有关,而GDP的变化则间接地反映出企业实际劳动力需求的变化。

（三）中国的经济增长与就业增长

一国经济的发展总是伴随着技术进步，而且主要是倾向更多使用资本的技术进步，同时，劳动力总是相对于资本显得越来越贵，这就会使得经济增长对就业的吸纳能力逐步降低，从而表现为就业增长的GDP弹性逐步下降。然而，以我国就业增长GDP弹性数据来看，情况却略为复杂。近年来，似乎中国的经济增长所带来的就业增长非常低，而且总体上出现了就业增长的GDP弹性有所下降的现象，以至于有不少人认为中国的经济增长是"高增长、低就业"。

在一般的市场经济体制下，由于企业解雇劳动力是比较自由的，因此，企业的劳动力雇用数量就能够反映企业真实的劳动力需求，相应地，就业增长的GDP弹性就能够反映出经济增长吸纳就业的能力。但是，在中国情况却更为复杂。在区分由政策决定的企业就业存量（从业人员）和企业经济目标决定的实际劳动力需求这两个概念的基础上，可以进一步区分两个概念：一是经济增长吸纳就业的能力；二是就业增长的GDP弹性。

直接以就业增长的GDP弹性数据来反映经济增长对就业吸纳能力的做法依赖于政府就业统计数据的准确度。而在中国，统计所得的从业人员数据与经济学意义上的就业数据是有一定差异的，具体表现为三个方面。

（1）由于在传统计划就业体制下，城镇国有、集体企业，以及广大的农村地区存在着大量的剩余劳动力，因此，中国的总体从业人员统计数据有比实际劳动力需求量偏大的倾向，而实际劳动力需求则成了一个不可以直接观测的变量。

（2）中国对于就业的统计与国外更加注重就业事实的做法相比仍然有一定差距。在西方发达国家，从事劳动达到一定的时间标准和收入水平即被统计为就业。而在中国，一些自我雇用、非全日制就业、季节工、临时工等就业形式往往表现为"隐性就业"，而并未完全被统计为就业。

（3）在中国的城市，日益增长的外来务工人员的就业，实际上也反映了劳动力需求的增长，但他们只是从农村就业转向城镇就业，却不一定体现为从业人员总数的增长。由于存在这些统计方面的问题，会使得统计的从业人员数据（尤其是城镇从业人员统计数据）增长量比实际劳动力需求增长量有偏小的倾向。

直到 2000 年前后，中国的就业体制仍然带有很强的计划经济色彩，使得从业人员统计数据的变化不能真实地反映劳动力需求的变化。当宏观经济不景气，经济增长速度放慢，企业实际劳动力需求量减少时，企业往往不将多余的职工解雇，于是企业内的富余人员数量增多；相反，由于企业原来就存在大量富余人员，因此即使当宏观经济形势好转，经济增长速度加快，企业劳动力需求增加时，企业的理性选择也是通过内部挖潜和提高内部劳动力资源的使用效率来满足生产的需要，而不是再从外部劳动力市场上增加劳动力雇用量。

这样，就有可能使得根据中国统计数据计算出来的就业增长的 GDP 弹性表现出这样的变化规律：根据统计数据计算出的就业增长的 GDP 弹性可能与 GDP 增长率反向变动。在从业人员统计大于实际劳动力需求的情况下，经济增长带来的就业增加并不一定会在统计数字上表现为从业人员的增加，而表现为企业内部劳动力使用效率的提高。这时，在较高的经济增长率下，从业人员统计的增长率将大大低估实际劳动力需求的增长，从而表现为就业增长的 GDP 弹性较低。比如，在经济增长速度比较快的 1983—1985 年和 1992—1994 年这两个时期，就业增长的 GDP 弹性反而是下降的。相反，当经济增长率低的时候，从业人员却没有被解雇，而只是劳动力的利用率下降，这时却可能得到一个相对较高的就业增长 GDP 弹性，在经济增长率较低的 1981 年、1986 年和 1998—1999 年这几个时期就是如此。

尽管随着劳动相对资本越来越贵，中国也会出现资本替代劳动的趋势，但不能简单而武断地根据从业人员增长数据和 GDP 增长数据计算出就业增长的 GDP 弹性，就得到中国经济"高增长、低就业"的判断。

如果统计的就业人数能够较为准确地反映出企业真实的劳动力需求，那么我们还能够看到 GDP 增长率和就业增长率正相关这一规律，即宏观经济学中的"奥肯定律"。但是中国 2000 年前的数据却没有明显地表现出这一规律，甚至个别年份还出现了制造业从业人员数据下降的现象，其中的原因也在于中国的体制转轨，从业人员统计数据不能真实地反映企业实际劳动力需求及其随着 GDP 增长率变化而发生的变化。

同样还是因为统计的从业人员数据不能真实地反映企业的实际劳动力需求，再加上失业率统计的缺陷，也不能用中国的统计数据去试图发现失业率和通货膨胀率之间的负相关性,即宏观经济学中的菲利浦斯曲线。不过,菲利浦斯曲线的另一种表达形式是经济增长率和通货膨胀率之间的正相关关系,这种关系是不是存在就不受就业统计准确性的影响了。

上述对于中国就业增长的 GDP 弹性的评论主要适用于就业体制转型时期,主要就是 2000 年之前。但毕竟中国经济中还有一个市场主导部门(主要是非国有企业),这个部门的从业人员统计是反映其实际劳动力需求的,这使得总体上的就业增长的 GDP 弹性仍然可能随着时间推移而下降。而且,由于市场主导部门在逐渐发展壮大,经济增长和从业人员增长的相关性将越来越强。21 世纪以来,虽然城镇部分企业的就业决策已经基本上市场化,但是,乡—城之间的劳动力流动障碍并没有彻底消除。2001—2007 年,经济增长率高的时候,农民进城数量增加快,他们从农业从业人员转为城镇从业人员,仍然不一定表现为全社会总的从业人员增长。而在 2008 年之后,经济增长率明显下滑,大量农民工返乡,也并不一定表现为全社会总的从业人员增长放缓。

与此同时,资本市场的扭曲却非常严重。相当长一段时间以来,中国的利率是受到政府管制的,扣除通货膨胀之后的实际利率远远低于资本回报率,这种情况在 2000—2007 年的经济高速增长时期特别明显,同时,又因为乡—城劳动力转移的障碍仍然存在,因此,企业的理性选择就是多使用资本,少雇用劳动力。由于地方政府普遍喜欢大企业,而这样的企业又往往是资本密集型的,因此,资本深化进程(提高资本—劳动比)得到了地方政府的鼓励。2004 年之后,最低工资制度加强,2008 年新《劳动合同法》的实施,都进一步增加了企业雇用劳动力的成本。因此,2000 年之后,就业增长的 GDP 弹性持续走低的背景是劳动力市场和资本市场的双重扭曲的结果。否则,中国经济增长的"资本深化"和用资本替代劳动力的进程不应该到来得如此之早。

二、劳动力需求的弹性变化与应用

(一)厂商的利润最大化原则

1. 劳动力需求及影响因素

企业将各种生产要素,主要是资本和劳动,结合起来生产产品和劳务,其总产量、资本与劳动的组合方式取决于产品需求量、资本和劳动的价格,可取得的技术条件等。研究劳动力需求,就是要解释企业的劳动力需求如何受上述一个或几个因素变化的影响。

（1）工资率的变化。如果资本、技术等因素都不发生变化，那么工资率变化将引起企业劳动力需求变化，这种情况下有两种可能。第一，如果劳动力就业量不变，较高的工资率意味着企业较高的成本，从而导致产品价格的提高。产品价格的提高会导致产品需求量的下降，产品需求量的下降最终会导致劳动就业量的下降。这种劳动就业量的下降称为规模效应，即生产规模缩减对就业的影响。

第二，工资率上升，企业就愿意用其他生产要素来代替劳动，如使用更多的资本，这种情况称为替代效应。在其他要素不变的条件下：工资率较高时，企业所需求的劳动力较少；工资率下降，企业劳动力需求量增加。如图2-4所示。

（2）产品需求变化。如果市场对某个行业产品的需求增加，而该行业可利用的技术、资本、劳动供给的条件不变，那么随着企业对利润最大化的追求，企业的产量将提高，生产规模将扩大，从而增加对劳动的需求，这样劳动力需求曲线将向右移动，如图2-5所示。

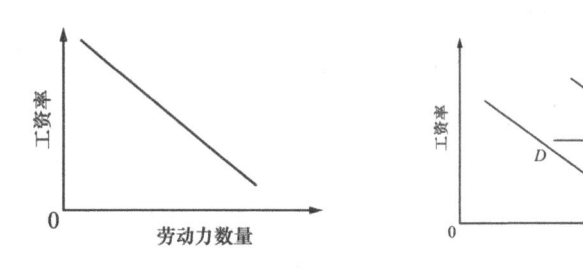

图2-4　劳动力需求曲线　　图2-5　派生的需求

（3）资本价格的变化。当资本价格下降时，生产成本会下降，生产规模会扩大，生产规模的扩大将引起对劳动力需求的增加，劳动力需求曲线将向右移动。但同时，资本价格的下降会引起企业用资本替代劳动，这又会造成对劳动力需求的减少，使劳动力需求曲线向左移动。究竟哪一种效应对劳动力需求影响大，要根据具体情况分析。

2. 劳动力需求量与劳动力需求变化

劳动力需求量的变化是指在决定劳动力需求量的其他因素不变的情况

下，仅仅由于要素价格即工资率的变化而引起的企业愿意雇用的劳动力的数量的变化，这种变化是企业劳动力需求量的变化，表现为同一条曲线上的工资率—劳动力数量不同组合的变化。

劳动力需求的变化与劳动力需求量的变化不同。这种变化不再是沿着需求曲线变化，而是需求曲线的移动。

3. 劳动力需求的分析对象与环境

市场主要分为完全竞争性市场、垄断性市场和不完全竞争市场三种。在完全竞争市场上存在大量的企业，其产品完全没有差别，因此，企业是市场价格接受者而不是制定者，所有资源可以自由流动——进入或是退出市场。垄断性市场恰好相反，由于只有一个企业，其产品独特，无法替代，因而企业可以有力地控制价格，要流动也非常困难。不完全竞争市场则居两者之中，企业对价格有一定程度的控制，有一定的自由度进入或是离开某一市场。在不同的市场类型下，企业的劳动力需求行为也有所不同。

4. 重要的基本概念

劳动力需求是一种派生需求，在多数情况下雇主雇用劳动力的动机在于劳动能够生产可供出售的产品，所以雇主对劳动力的需求是产品市场特征的需求函数，也是劳动替代资本和其他生产要素自由度的函数。这说明劳动需求函数不仅是自身价格的函数也是其他生产要素价格的函数。劳动力需求有两个重要的特征：第一，理论和经验都可以证明劳动力需求曲线是向下倾斜的；第二，劳动力需求量对工资变化的反应程度不同，尽管劳动力需求量随着工资增加而下降，但下降的程度因情况而异。

5. 厂商利润最大化的条件

如果通过增加一个单位的某种投入所获得的收入超过了费用的增加，那么厂商想要获得最大化利润就要增加一个单位的这种投入；如果通过增加一个单位的某种投入所获得的收入少于所增加的费用，那么厂商想要获得最大化利润就要减少这种投入量；如果通过增加一个单位的某种投入所获得的收入恰好等于所增加的费用，厂商想要获得最大化利润，那么不改变这种投入是最好的做法。

由此可知，厂商想要获得最大化利润的条件就是，如果该劳动力使用量再出现一个单位的改变，就将获得一个与边际费用相等的边际收益产品。

（二）劳动力需求的弹性

1. 含义与系数

劳动力需求曲线向右下方倾斜表明工资与雇用水平成反比。但这一表述过于抽象，对经济学家和决策者来说，更重要的是确定就业对工资的敏感程度，而劳动力需求弹性概念可以回答这一问题。

劳动力需求弹性是指工资每变动一个百分比所引起雇工水平变化的百分比，用公式表示为：

$$E = \Delta L\% / \Delta W\% \tag{2-1}$$

式中，$\Delta L\%$ 为雇工水平变动的百分数；$\Delta W\%$ 为工资水平变动的百分数。

由于工资和雇工水平成反比，所以劳动力需求弹性是一个负数或者准确地说至少一个是非正数。但为了方便起见，计算劳动力需求弹性时往往将负号省略。企业对劳动力需求的敏感程度越高，劳动力需求弹性的数值就越大；反之，则越小。

2. 工资弹性的分类

（1）自身工资弹性。自身工资弹性是劳动力需求数量的相对变动与自身工资的相对变动之比。它反映的是劳动力需求量对自身工资变动的敏感程度。自身的工资弹性分为点弹性和弧弹性。

按照数值的大小，自身工资弹性可以分为五种类型。第一，自身工资弹性等于零。如果劳动力市场上的工资率无论如何变化都不会对劳动力需求产生影响，此时劳动力需求成为完全无弹性，这是劳动力需求弹性的一个特例。

第二，自身工资弹性小于1。如果劳动力需求弹性大于0小于1，此时劳动力需求弹性较小，有时也被称为无弹性。自身工资弹性较小，意味着企业雇工数量对工资升降速度不敏感，其几何图形是一条较为陡峭的劳动力需求曲线。

第三，自身工资弹性等于1。这是指劳动力需求变动的百分比刚好等于工资率变动的百分比，即自身工资弹性等于1，称为单位弹性。单位弹性的劳动力需求曲线是一条双曲线。

第四，劳动力需求弹性大于1。如果企业雇工水平变动的百分比大于工资率的变动率，即自身工资弹性大于1，就称为自身工资弹性较大。自身工资弹性较大意味着企业的雇工数量对工资率的变动敏感程度较高。

第五，自身工资弹性无穷大。如果在线性的工资水平上，企业乐于雇用市场所能供给的全部劳动力，而工资略有上涨时却一个劳动力也不雇用。此时的自身工资弹性为完全有弹性。这也是自身工资弹性的一个特例。

（2）交叉工资弹性。企业往往采用几种不同的劳动和资本，其中任何一种需求都可能受其他种类价格变化的影响。例如，木匠的工资上升，一方面会使更多的人建造砖瓦结构的房子，对砖石工的需求增加，另一方面可能使房屋建设规模萎缩，对管子工的需求下降。资本价格的变化可能会导致对这三种工人需求量的增加或减少。

考察一种要素对另一种要素价格的弹性，可以得出上述影响的具体数值。如果在同一种生产中有两种劳动，那么可将需求交叉弹性定义为：一种劳动力需求变动的百分比除以另一种劳动的工资率变动的百分比而得到的数值。

如果交叉弹性为正，即一种要素价格上升引起另一种要素需求的增加，那么二者之间是总替代关系；如果交叉弹性为负，即一种要素价格上升，引起另一种要素需求的减少，那么二者之间是总互补关系。两种要素是总替代关系还是总互补关系，取决于生产函数和需求条件。为明确这一点，假定成年人和青少年在生产过程中是可以相互替代的：一方面，存在替代效应，青少年的工资下降对成年人的就业有负面影响，因为产出一定，雇主希望青少年替代成年人减少成年人的雇用量；另一方面，存在规模效应，因为青少年工资下降促使雇主增加所有投入要素（包括成年人），规模效应越大。如果规模效应小于替代效应，成年人就业和青少年工资走向相同，两个群体总替代；如果规模效应大于替代效应，成年人就业和青少年工资走向相反，两个群体总互补。因此，了解两个群体在生产过程中的相互替代并不足以证明他们是总替代还是总互补。

3. 工资弹性的决定因素

（1）最终产品需求对工资弹性的影响。工资水平的上涨会迅速导致产品成本的提高，因而企业也将提高产品的价格。产品价格提高后，消费者的购买数量将减少。在这种情况下，如果产品的需求弹性较大，价格上涨势必使销售额下降、产出量减少，因而企业对劳动力的需求量下降。产量下降幅度越大，就业量减少也越大。因此，产品需求弹性越大，劳动力需求弹性也越大。这个法则说明，当其他条件不变时，产品市场的竞争程度越高，则该市场中单个企业的劳动力需求弹性就越大。其原因是竞争性行业中企业数目较多，某企业产品一旦涨价，消费者可以很容易地购买到其他企业的产品，所以单个企业的劳动力需求弹性要比整个行业或市场的劳动力需求弹性大得多。这个法则也说明，长期与短期相比，长期劳动力需求弹性高，这是因为在长期中产品市场需求的价格弹性较高。短期中某种产品也许没有很好的替代品，也许消费者只使用已有的耐用消费品，但是经过一段时间后，用以替代的新产品被生产出来，消费者开始更新已经磨损的耐用消费品。

（2）要素替代对工资弹性的影响。如果工资上升受产出效应影响，企业在短期内雇工数量将减少。从长期看，企业还会以资本或其投入要素来替代劳动，从而使劳动力需求量进一步减少。因此，从长期看各要素之间相互替代的可能性越大，工资弹性也越大。

但是，要素间相互替代的难易程度至少受两个因素的同时影响。一个是技术经济方面的因素。例如，为完成某种生产活动或生产某种产品，资本与劳动必须按一定比例投入。在这种情况下，资本和劳动之间的替代性是零，因而不管工资水平如何变动，对雇工规模几乎没有影响。另一个是制度方面的因素。例如，集体谈判、工会参与等，无疑为企业制定雇工规模附加了一些限定条件；又如，政府法令、法规限制也会对企业的用工决策产生一定的影响。另外，当雇主可以灵活地变动资本存量时，短期内不可行的替代就可以在长期内实施。例如，如果铁路工人的工资上升，工资可以购买功率大的机车，这样可以减少机车的数量，扩大每列火车的运量。这些调整只能在长期中发生，这是长期劳动力需求比短期更富有弹性的另一个原因。

（3）其他投入要素供给弹性对工资弹性的影响。以资本和劳动力为例来说明其他投入要素供给弹性对工资弹性的影响。工资水平上涨，企业乐于以资本替代劳动从而使企业对劳动力的需求有所减少。但是当资本供给量一定时，随着需求量的增加，资本的价格也会上涨。因而，以资本替代劳动从而使劳动需求量降低的程度取决于资本要素供给弹性的大小。一般地说，资本的供给弹性越大，其价格上升的速度越快，企业以资本替代劳动的难度越低，对劳动力需求量的影响越小；反之，则越大。这种替代效应即使在劳动要素之间也可能发生。长期中，其他投入要素价格比短期投入要素价格更加不容易变动，因为长期中现有资本设备的生产者可以扩大生产能力，新的生产者可以进入市场，可以训练出更多熟练的工人，这是长期劳动需求更富有弹性的另一个原因。

（4）劳动力成本占总成本的比重对工资弹性的影响。劳动力成本占总成本的比重对工资弹性具有重要影响。例如，在某个企业的总成本中，劳动力成本只占20%，即使工资水平上涨了10%，该企业的生产总成本上升速率也将是8%。这样企业面临的产品提价和产量降低的压力就比较大，裁减员工的可能性和数量就会大大提高。但是如果这个企业在要素市场和产品市场都处于垄断地位，那么这个结论将不再适用。

一般而言，在劳动密集型行业中，由于劳动力在总成本中占的比重较高，所以工资的变动会对就业水平产生较大的影响；在资本密集型行业中，工资变动对就业水平影响相对较小。

4. 工资弹性理论的应用价值

无论是私人决策还是公共决策，都要依赖于通过弹性估算确定的工资率和雇用平衡水平。

在私人领域，工会的讨价还价策略取决于对其工人需求的弹性的大小。工会为航空领域的工程师争取更高工资的可能性往往比为餐厅服务生争取高工资更容易。因为工资的上涨只会引起很少高级工程师的失业，但是同样的工资上涨会引起餐厅服务生雇用数量的大幅下降。

与此类似，如果由于外来劳动力数量增加的威胁使得雇主降低现有工人的工资，那么工会就希望能了解更多雇主的工资弹性。雇主劳动力需求曲线越富有弹性，那么工会在工资问题上越可能让步。

政府做出决策也需要依据劳动力需求曲线的弹性。例如，最低工资率的上升所带来的后果将受需求弹性的影响。与此类似，如果政府要给那些雇用低技能劳动力的雇主补贴，那么这个政策效果也要取决于这个行业中雇用低技能劳动力的需求弹性。劳动力需求曲线越富有弹性，那么由于补贴政策所引起的雇用量的增加就越大。

5. 弹性估算

由于行业劳动力的种类、职业等方面的不同，使得劳动力需求弹性有很大的不同。例如，英国籍经济学家和统计学家科林·克拉克（Colin Clark）和美国著名经济学家米尔顿·弗里德曼（Milton Friedman）估计美国生产行业的工资弹性约为1，艾伦伯克（Allen Burke）的研究表明，在公共教育行业工资弹性大约为1.06。年轻人的劳动力需求弹性比成年人的劳动力需求弹性要大；生产工人的劳动力需求弹性要比非生产工人的劳动力需求弹性大；低技能工人的劳动力需求弹性要比高技能工人的劳动力需求弹性大；非耐用品行业的劳动力需求弹性比耐用品行业的劳动力需求弹性要大。

（三）劳动力需求的现实应用

（1）纺织品与服饰行业。纺织业从业人员数量的显著减少，其主要原因：首先是来自国外的竞争；其次是因为贸易壁垒的消除使得对美国纺织品的需求减少；最后是在纺织和服装行业自动化机器设备的广泛使用，价格较低的工业机器设备和生产线的引进所产生的替代效应超过了产出效应，最终的效应是对纺织工人需求量的减少。在这些原因的共同作用下，对纺织工人的需求急剧减少。

（2）快餐工人。在过去的几年里，麦当劳和其他快餐企业已经向那些家庭主妇和餐厅里年龄较大的人打出了诱人的广告，以此来吸引他们进入快餐行业工作，其中一个很重要的原因就是对快餐工人需求的急剧增加。女性的劳动参与率和双职工家庭的数量的增加，使得时间的机会成本增加，因此人们会花更少的时间在家里做饭，取而代之的是去餐厅就餐。那么对餐厅提供饮食服务的需求增加了，相应地对快餐工人的需求也就增加了。由于传统的快餐行业工人的供给不能满足需求，所以快餐行业要招募更多的家庭主妇和半退休工人。

（3）个人电脑。最近几十年来，个人电脑的价格下降得很快，而电脑产品的品质却以惊人的速度在上升，这样的发展趋势对电脑行业劳动力的需求产生了负面影响。例如，对电脑行业某些方面的工人需求数量增加很快。

在一些公司，个人电脑数量的增加减少了对劳动力的需求。因此，这些公司可以用更少的劳动力来获得相同的产出。但是在许多情况下，电脑和劳动力又是一种总互补的关系。电脑产品价格的下降使得生产成本下降，从而使得产品的价格下降，因此产品的销售量增加了，对工人的需求也增加了。

（4）最低工资。在美国联邦法律里规定，对工人每小时的工作所支付的报酬不得少于 5.15 美元。如果规定的最低工资高于均衡工资，那么雇主的雇用量将沿着向下倾斜的劳动力需求曲线向上移动，从而引起失业。这种情况在年轻工人中更加明显。那些以最低工资被雇用的劳动力所获得的工资将比其他情况下更多。失业者丧失的收入数量和继续从业者多获得收入的数量将依赖于在最低工资情况下对劳动力需求的弹性。

第三节　劳动力供给的理论基础与应用

一、劳动时间与劳动力数量

（一）收入与闲暇的替代

一个人的劳动供给可以概括性地描述为两个目标之间的权衡：一方面，他需要挣钱，无论他最终是为了养家糊口，为了有身份有地位，还是为了有能力捐款给慈善事业和希望工程；另一方面，他需要休闲，如果他终日工作，那么即使赚了钱也没有时间花，赚钱就没有意义了。上述两个抽象的目标之间有着相互替代的关系，换言之，一个人将在他的全部时间（T）限度内分配获得劳动收入（I）和享受闲暇（H）的时间。在给定工资水平的条件下，一个人在闲暇和劳动的时间分配上应该达到闲暇和收入的边际效用之比等于每单位劳动时间获得的工资。反过来说，如果一个人闲暇和收入的边际效用之比大于工资，那么，这意味着他减少劳动，多休息一点，虽然收入下降了，但闲暇增加了，总的效用反而更高。

1. 收入效应与替代效应

随着收入水平的提高，收入的边际效用越来越低，于是，当收入超过一定水平以后，人的"身价"高到一定程度，反而劳动时间减少了。从个人来说，不难发现，富人对于休闲的需求更高。

从整个国家来看，在低收入国家，人们非常休闲，道理很简单，单位劳动时间收入太低，劳动不如休息。中等收入的国家最辛苦，因为有钱挣，同时又不够富，中国（特别是沿海地区）大概就处在这个阶段。而在发达国家，特别是欧洲，休闲又变得重要了。在法国，很多行业的每周工作时间已经降到35小时。到了周末，人们是绝对不会加班的，连商店都关门。当物质极为丰富的时候，劳动就会成为人们的一种需要，而不是生存的手段，这种判断与上面的分析有着异曲同工之处。

图2-6中，U、U_1和U_2表示一组无差异曲线，TA、TB和TC表示一组预算线，其对应的工资水平越来越高。从图中可见，随着工资水平的上升，三条无差异曲线与三条预算线分别相切于E、E_1和E_2三点，在这三点下收入和闲暇的组合分别为(I, H)、(I_1, H_1)和(I_2, H_2)。也就是说，随着工资水平的上升，劳动者的收入水平是逐渐上升的，但闲暇时间却是先下降再上升，从而导致劳动供给先上升而下降，形成EE_1E_2这条轨迹。如果将EE_1E_2这条轨迹在工资和劳动供给的平面内表示出来，则可以得到图2-7中后弯的劳动供给曲线（L_S）。

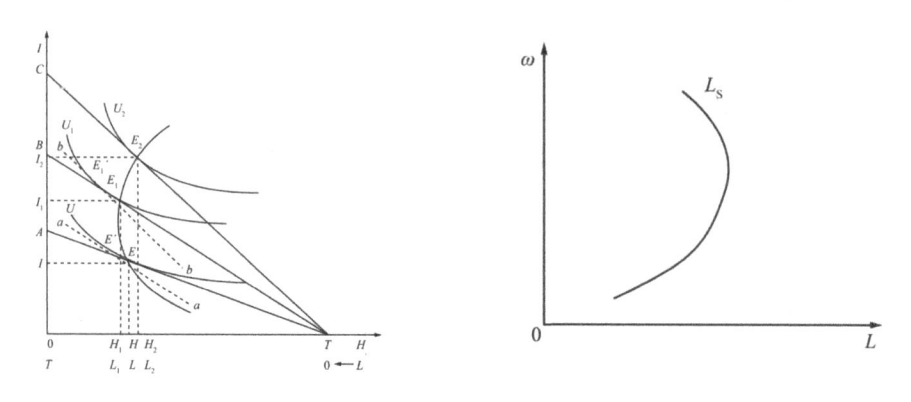

图 2-6　工资变化的收入效应和替代效应　　图 2-7　后弯的劳动供给曲线

2. 加总的劳动供给曲线

收入—闲暇替代理论给我们展现了一幅关于人类未来社会的美好图景，当人类社会的收入普遍达到一定程度之后，人们将越来越多地享受闲暇，从而达到人类的全面发展。当然，从当今世界来看，这一趋势恐怕只在少数富人和少数富国那里才有所表现。所以，个人劳动供给曲线的后弯部分只是一种理论上存在的情况，在实际的经济分析中并没有太大的应用价值，我们通常只考虑劳动供给曲线的右上倾斜部分。这样的话，我们就也很容易地能够得到加总的劳动供给曲线——一条在工资—劳动平面中向右上倾斜的曲线，它表示人们的劳动供给将随着工资上升而上升。

3. 影响劳动供给的因素

通过上面这些理论和图形分析，可以得出影响劳动供给的因素。

（1）偏好。不同的人有着不同的偏好。在其他条件（如工资）相同的情况下，越是偏好劳动（收入）的劳动者供给的劳动越多，而偏好闲暇的劳动者则供给的劳动数量较小。

（2）财产。我们在分析收入效应的时候，实际上就已经指出了财产数量对于劳动供给的影响。在其他条件不变的情况下，如果一个人的非劳动收入增加（例如，得到了一笔遗产，或利率上升导致其生息资产的回报增加），那么这个人的劳动供给将会减少。

（3）工资。尽管对于一些特定的问题而言，我们有时候需要研究偏好和财产这类因素对于劳动供给的影响，但是在一般的经济分析中，主要还是考虑工资变化对于劳动供给的影响。工资对于劳动供给的影响取决于劳动者的收入水平。一般来说，一个人在工资低、收入低的时候会随着工资收入的上升而增加劳动供给，但当工资水平上升到一个临界值时，工资进一步上升反而导致劳动供给减少。

工资在调整劳动力供给的同时，也在调整劳动力需求。如果劳动力市场和工资是足够灵活的，那么，当劳动力供给大于需求的时候，工资就应该下调；而当劳动力供给小于需求的时候，工资就应该上浮。

4. 其他相关政策的含义

（1）失业保险。财产和非劳动收入的增加会降低劳动的供给。在其他条件不变的情况下，非劳动收入增加得越多，劳动供给就减少得越多。类似的道理也可以用来分析失业保险对劳动供给的影响，因为失业保险从性质上来说也是一种非劳动收入。所以，失业保险的作用肯定会使一部分劳动力选择退出劳动力市场。

如图2-8所示，当存在失业保险的时候，如果劳动的收入低于失业保险时，劳动力的理性选择就是不就业，只领取失业保险，这样，他所面临的预算线就成了拐折的形状。首先，在图2-8中把预算线的形状画为 *IABT* 这样的拐折形状，其中 *TB* 线段表示失业保险的水平。可见，当失业保险水平较低时，这个劳动者没有改变原先的收入和闲暇组合。但是当失业保险金的水平提高到 TD 时，这个人的最优选择是不再劳动，均衡点出现在 D。虽然这时他的收入比原先有所下降，但却充分地享受了闲暇，相应的效用水平也从原来的 U 提高到了 U_1。虽然从个人理性的角度来看，劳动者选择退出劳动力市场是完全合理的，但是这种现象从全社会的角度来看却是劳动力资源的浪费，因此，尽管失业保险制度是一项不能缺少的社会保障制度，但失业保险金的水平却不宜过高，而且一定要有相应的领取时间限制。

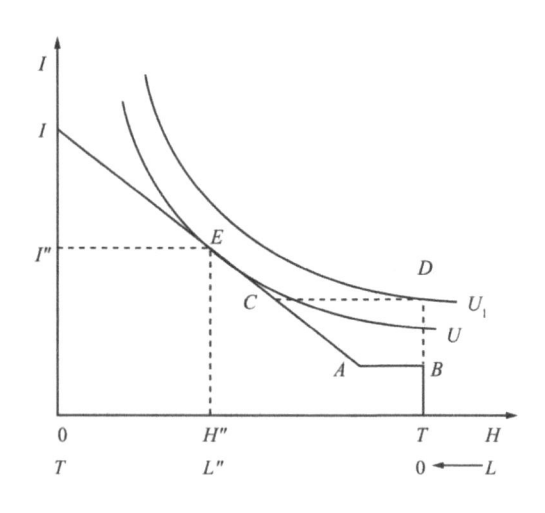

图 2-8　失业保障对劳动供给的影响

（2）其他福利政策。一个社会除了有失业保险，还有一些其他的福利政策，比如，对于贫困人口的救济和帮助政策。在中国失业保险是由劳动部门发放的，而低收入居民的救济（如城市最低生活保障）是由民政部门发放的。导致贫困的原因有很多，其中一种原因是失业救济是有期限限制的，一些长期失业者很容易失去领取失业救济的资格而面临生存困难。因此，对低收入者进行帮助是非常有必要的，而且这种帮助不宜再采取期限限制措施，这就使得我们必须思考怎样才能尽量降低类似的福利政策所造成的劳动力闲置。如果对贫困人口的帮助不与就业情况联系起来，那么，这种帮助的效果与失业保险金的效果一样，会导致一些"懒人"退出劳动力市场，为了避免这种情况，可以规定劳动力必须劳动达一定时间之后才能够领取贫困救济，而劳动收入（或劳动时间）超过一定限度之后便不能再享受救济，预算线成为 IFGAT，这样就使得原来可能选择退出劳动力市场的人返回劳动力市场（最优选择从均衡点 D 变为 G），并且至少供给劳动时间的下限，如图 2-9（a）所示。

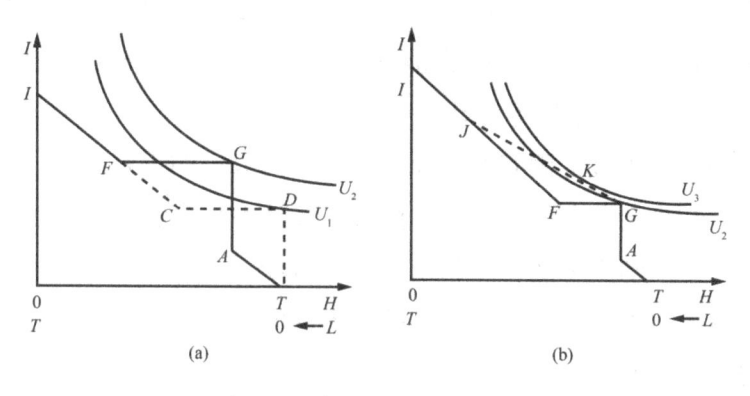

图 2-9　福利计划的改进

一种更加好的政策措施是将贫困救济的数量与劳动数量挂钩，如图 2-9（b）所示，规定达到劳动时间下限后能够得到补贴，但补贴数额随劳动时间的增加而递减，这样就会诱使劳动力供给的劳动时间超过领取贫困救济的最低劳动时间规定。在图 2-9（a）中，以预算线 IFGAT 表示的福利计划与预算线 ICDT 相比，显然能够诱使劳动者供给更多的劳动时间，并且使劳动者达到更高的效用水平。而在图 2-9（b）中以预算线 IJKGAT 表示的福利计划与以预算线 IJFGAT 表示的福利计划相比，则前者能够诱使劳动者供给更多的劳动，并达到更高的效用水平。当然，上述两种福利计划的改进措施都仅对一部分比较偏好劳动的人有效，而且第二个改进方案的实施还需要花费额外的经济成本。

（二）家庭生产与生命周期

1. 家庭生产与夫妻分工

在经济学的发展历史中，美国著名经济学家加里·贝克尔（Gary Becker，以下简称"贝克尔"）的一项突出贡献是将生产理论运用于家庭行为的研究，从而开创了"家庭经济学"这门新的学科。在贝克尔的理论中，他认为家庭就好像一个生产企业，它的投入品是时间，产出是家庭的效用（或者说满足感）。这个基本的理论起点对于理解家庭行为非常有用。家庭经济学广泛地涉及家庭的分工、婚姻、生育等行为，而在这里，只涉及家庭成员分工问题。

确切地说，我们只以夫妻分工为例来讨论家庭分工。

如果男性和女性在劳动力市场上的工资水平存在着差异，这就好比夫妻在通过劳动生产"效用"时的生产率有差异，那么，当家庭追求效用最大化时，就需要在家庭成员间进行分工，谁能够挣得的工资越高，谁就应该更多地就业，而另一位则更多地从事家务劳动。

男性和女性生理上固有的差异是家庭内部分工的重要原因。因为存在着生理的差异和社会角色的差异，女性将更多地在生育和照料孩子的人力资本上投资，而男性则更多地在有利于提高其市场活动生产率的人力资本上进行投资。这种人力资本投资的差异是已婚男性的市场工资率超过已婚女性市场工资率的一个原因。

后来，经济学家还从劳动力市场信息不对称的角度对女性就业难和工资较低的现象做了解释。在市场经济条件下，企业的目标必然是追求企业的利润最大化，因此，企业就希望在市场上寻求劳动能力较强和就业稳定性较强的劳动力为企业工作。但企业在市场上聘用职工的时候，并不知道谁的工作能力更强，谁在工作后会有更强的稳定性。在这种情况下，企业只能根据关于劳动力能力和工作稳定性的概率分布来做出雇用决策。一般来说，人们都知道在一些特定的工作岗位（尤其是重体力活）上，男性具有得天独厚的优势，这是由两性的生理差异造成的。另外，男性员工一般具有更强的工作稳定性，而大多数女性员工（尤其是年轻女性）需要生育和抚养孩子，在这一过程中，很多女性会选择辞去工作待在家里，用经济学的语言来说，就是退出劳动力队伍。这些信息都会给雇主一个信号，雇用男性职工更加有利于实现自己的利润目标。结果是，一方面企业倾向于多雇用男性员工，另一方面女性劳动者会适当地屈就于较低的工资水平。也是因为同样道理，企业会更倾向于将企业培训的机会给离职倾向较低的男性员工。

既然女性工资水平较低在很大程度上是两性人力资本投资的对象不同，以及劳动力市场信息不对称这样的因素造成的，那么对于一个家庭来说，丈夫更多地从事市场活动，妻子更多地从事家庭活动就可能是达到家庭效用最大化的理性选择。可见，经济学家从家庭分工出发为劳动力市场上对女性劳动力的工资和就业"歧视"提供的解释是比较中性的。但是，这并不意味着经济学家不需要关心由于女性工资低、就业难而带来的一些其他社会问题。

生育保险是重要的，因为当女性职工在生育期间的收入由社会提供时，企业就不必再担心其雇用的女职工在生育期间请假而企业却要继续为她们付工资，这就使得企业更加愿意雇用女性职工。在中国，上海率先建立了女性生育保险制度，这将对促进女性就业和保障女性权益起到积极的作用。从经济学逻辑出发从而得到具体的政策建议，显然要比空泛地呼吁"保护女性权益"要更为实在。

家庭成员并不一定像传统理论所认为的那样最大化整个家庭的总效用，家庭内部的劳动分工还具有动态的、策略性的一面。新的理论将家庭分工看作夫妻双方通过谈判分享分工收益的过程。一般来说，女性的工资较低，因此她们通常在家务劳动方面具有比较优势。但是，如果女性真的选择分工并在家里从事家务劳动，那么，由于长期脱离劳动力市场，她们在市场上就业的能力就会越来越弱，当未来再与丈夫谈判分享家庭分工的收益时，她们的谈判能力就下降了。考虑到这一点，女性劳动力就可能倾向于选择就业，而不是待在家里。最近几十年来，包括中国在内的很多国家的离婚率都在上升，这就给女性发出一个信号，为了家庭而放弃就业越来越不值得了，于是，她们就会更多地走向社会去就业，从而导致家庭分工程度下降。

2. 生命周期内工作决策

在一个人的一生中，一般来说中年是从事市场活动生产率最高的阶段。在年轻的时候，刚刚跨出学校大门，没有实际的工作经验，这时生产率较低。而当中年过后，一个人则会面临体力精力下降、知识经验老化的困境。如果一个竞争性的劳动力市场能够保证一个人根据他的生产率获得工资报酬的话，那么他的生产率和工资曲线就如图2-10（a）所示，呈倒U形，在美国那样的市场经济国家，实际情况也是这样。根据这条工资曲线，一个人达到生命周期内效用最大化的选择应该是工作时间越来越多，

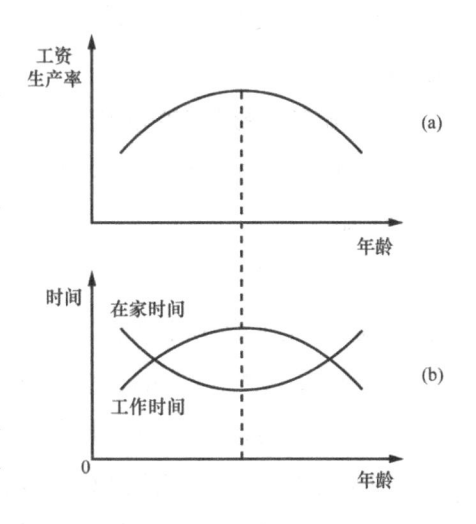

图2-10 生命周期内的就业决策

到中年时达到峰值，然后再逐渐减少，如图 2-10（b）所示。

特别值得一提的是，女性劳动力在生命周期内的劳动供给比较特殊。因为女性需要在家庭内承担生育孩子和抚养孩子的职责，所以很多女性会选择在孩子出生到长大这段时间里退出劳动力市场。于是，女性劳动力在生命周期内的劳动供给曲线在年轻和中年以后出现两个峰值，呈驼峰状，这种现象被称为女性的"双头就业"或者"M 型就业"。目前，中国的女性劳动力中也出现了一些退出劳动力市场的现象，由于中国在计划经济年代强调两性平等，当时女性劳动参与率畸高。因此，在经济市场化的过程中，一部分女性劳动力，特别是家庭其他成员收入较高的女性，可能会为了追求家庭总体效用的最大化而选择退出劳动力市场。因此，不能笼统地将不工作的女性都作为就业困难对象予以帮助，而应该进一步区分自愿不工作和想工作找不到工作的两类女性，后者才是真正需要政府和社会帮助的对象。

（三）参与率的变化与影响因素

1. 劳动参与率的变化趋势

我们不妨首先考察一下部分发达国家劳动参与率的变化趋势。20 世纪 60 年代以来，劳动参与率总体上有上升的趋势。进一步地分性别来考察，各国男性的劳动参与率总体上有所下降，而各国女性的劳动参与率变化趋势则表现出高度的一致，也就是普遍大幅度上升。由此可见，影响这期间发达国家劳动参与率变化的主要是女性劳动参与率的变化，由于女性劳动参与率普遍大幅度提高。

2. 影响劳动参与率的因素

20 世纪 60 年代以后，以下方面的因素可能是致女性大量加入劳动力队伍的原因。

（1）产业结构调整的需要。1945 年之后，发达国家的第三产业（尤其是其中的服务业）有了非常迅速地发展，这一过程创造了大量适合女性从事的职业和岗位，女性就业的机会增加了，就业的收入也有所提高，这就诱使越来越多的女性劳动力走向就业岗位。

（2）社会发展和家庭结构的变化。1945 年以后，西方社会发展的一个重要的现象是家庭的规模在缩小，特别是孩子的数量有所减少。与此同时，家用电器的普及也把女性从繁重的家务劳动中逐渐解放了出来，使得女性也能够有时间和精力到市场上去从事有收入的工作。更为重要的是，三产（特别是服务业）的发展本身也是一个分工深化的过程，很多原先在家庭内部完成的活动（如照顾老人和小孩）开始由市场来完成。一些女性劳动力从事于服务业，把原先一些由家庭内部完成的劳务作为一种产品来提供，从而创造了大量的就业岗位。与此同时，大量的女性又由于家务劳动可以在市场上购买了，从而得以从家务劳动中解脱出来去工作。

（3）观念的变化。1945年以后，西方国家女性的观念有了巨大的变化，独立的意识也大大增强。由于女性受教育水平也有大幅度提高，这又进一步加强了女性的独立意识。女性越来越多地走上劳动力市场，拥有了自己的收入，对于丈夫和家庭的依赖程度也有所下降，而这又反过来加强了女性的独立意识。

（4）离婚率。1945年以后，西方社会的家庭越来越不稳定，离婚率有显著上升。离婚率的上升直接将提高女性劳动参与率。即使对于没有离婚的女性，离婚率的上升也将使女性觉得为家庭而放弃就业越来越不值得了，于是已婚女性越来越多地、策略性地选择就业而不是在家从事家务劳动。

上述四个方面都是促使女性劳动参与率上升的因素，此外，理论上还存在一个使劳动参与率下降的因素，那就是教育的发展，因为受教育的人口越多，不在劳动力人口的数量就越多，劳动参与率也就越低。教育的发展直接通过降低青年人的劳动参与率而对总体劳动参与率产生影响，同时，教育也会改变人们的观念和人力资本水平，从而间接地对总体劳动参与率产生作用。

（四）中国转轨时期的劳动供给变化

由于中国曾经是一个劳动力过剩的国家，而为了解决就业问题，国家曾采取了计划就业体制来强制性地安置就业，因此我们可以将统计的经济活动人口作为劳动力供给总人数的相应指标。中国的经济活动人口自1978年一直保持着缓慢的增长，21世纪以来增长的速度也有放缓的趋势。换言之，如果用绝对指标来衡量，中国的劳动供给是在缓慢增长的。但由于人口出生率的明显下降和人口老龄化的趋势，中国经济活动人口的数量迟早将转为负增长。

经济活动人口的缓慢增长一方面是总人口增长速度放缓的结果，而另一方面则是劳动参与率的下降。在转轨过程中，各个转轨经济国家畸高的劳动参与率均有所下降。在中国，改革以来城镇的劳动参与率总体上呈现下降趋势，也就是说，以劳动参与率这样的相对指标来衡量，中国的劳动供给正处在一个总体上下降的趋势之中。

在改革以前中国的计划就业体制下，国家把为每一个有劳动要求的劳动力安排工作视为自己的一项义务。而在国家安排的工作下，劳动力只要供给很少一部分劳动就可以获得企业发给的最低水平的工资和一些相应的福利待遇。虽然企业的分配原则是"多劳多得"，但实际上劳动力在付出更多的劳动后，收入的增加并不多，企业内的收入差距并不大。

与计划体制时期相比，中国改革以后的就业体制发生了一些变化，"多劳多得"有了更为实质性的体现。这样的改革对偏好收入（劳动）者具有激励的作用，而对偏好闲暇者则有惩罚作用。就整个社会而言，改革过程中选择就业的劳动者供给的劳动时间普遍有所提高，从而提高了劳动力的使用效率。同时，会有一部分相对偏好闲暇或缺乏竞争力的劳动力在旧体制下选择工作，但在新体制下选择退出劳动力市场。

在经济转轨时期，除了体制转轨因素，一些在市场经济国家影响劳动供给行为的因素在中国也同样可能存在，这些因素主要包括：

（1）收入增长因素。随着经济的发展，单位劳动收入一般会不断提高，收入也会同步提高，这一过程对劳动参与率的影响有两方面：①劳动者单位就业收入的增加会加大闲暇的机会成本，从而诱使一些人增加劳动时间，这是收入增长对劳动供给的"替代效应"，对于收入水平不高的人来说，"替代效应"尤其显著；②单位就业收入的增加又使收入水平较高的劳动者减少劳动时间，这是收入增长对劳动供给的"收入效应"。如果家庭总收入持续提高，那么，相对收入较低的家庭成员将可能退出劳动力市场。

（2）产业调整因素。在中国，改革开放之后第三产业的发展也非常迅速，同样可能吸引女性劳动力加入就业大军。从另一角度来说，中国的产业结构调整速度非常快，新兴的产业中有相当大一部分是资本和知识密集型的，而从一产和二产中转移出来的劳动力又不能满足这些新兴产业发展的需要，使得一些低技能劳动者难以顺利实现再就业，从而减少劳动供给，甚至退出劳动力队伍，降低劳动参与率。

（3）教育发展因素。随着经济发展水平的提高，知识和技能在经济发展中的作用越来越重要，劳动年龄人口中受教育者的比例也有所升高。在中国的城镇，青年人接受高等教育、职业教育和成人教育的人数和比例正在不断提高。特别是20世纪末以来，大学的扩招速度非常快。全国高校毕业生的数量在2001年是114万，到2020年增长到874万。劳动年龄人口中受各类教育者的比例升高，也成为劳动参与率下降的直接原因。

二、人力资本与教育

知识是现代经济的最为重要的增长源泉，特别是当人类社会进入"知识经济"时代以后，知识的作用越来越强。对于中国来说，经过几十年快速的经济增长之后，劳动力总量过剩的时代已经结束，简单依赖投资和出口推动的经济增长方式也遭遇到巨大的挑战。接下来，为了提高中国经济增长的持续性，要使经济增长向创新驱动的方向发展。为此，中国也需要通过教育的发展来提高国民素质和劳动生产率，以适应未来经济增长的需要。

（一）人力资本投资理论

1. 教育与人力资本投资

企业的投资活动是为了能够获得更多的利润。同样道理，个人在教育、培训等方面进行人力资本投资的目的是赚取更高的收入。教育本身也是一种消费品，受教育的过程本身有愉悦身心的功能，同时，我们还希望教育能够使得人类更加高尚，但是，经济目的仍然是人力资本投资的基本目的，至少对于个人来说是这样。如此理解教育和培训的目的，就很容易理解这样三个现象。

（1）教育和培训的费用是非常高的。世界各国都将公共教育支出作为最为重要的公共支出，很多国家公共教育经费占国内生产总值比重都在4%以上。1993年，中共中央、国务院发布的《中国教育改革和发展纲要》提出，国家财政性教育经费支出占GDP比例要达到4%的目标。但是在1994年中央和地方分税之后，地方政府在国家财政收入占比中大幅度下降，同时，由于地方政府热衷于发展经济，更愿意将财政支出用于基本建设，因此，教育财政支出增长相对缓慢。经过多年的努力，上述局面已经得到了扭转，2012年教育财政支出占GDP之比首次超过了4%。2019年，中国教育财政支出超过5万亿元，为公共财政第一大支出。

（2）劳动力受教育水平迅速地提高。发达国家人口的受教育程度有普遍的提高，相应地，劳动力所从事的职业对知识和技能的要求越来越高。越年轻（受教育时间越晚）的组别，学历水平越高。这主要体现在更年轻的年龄组未上学和初中及以下学历人口的比重更低，同时高中和大学及以上学历人口的比重更高，尤其是大学及以上学历人口的比例，几个年龄组的差异更加明显。

（3）教育投资的确明显提高了劳动力的收入流。在相同的年龄组内，教育水平较高的职工所获得的平均收入要高于教育水平较低的职工。同时，受教育较多的职工的收入上升速度也较快，这就造成受教育水平不同的职工之间的收入差异随着年龄的上升而有所扩大。在中国，教育也同样能够提高劳动力的收入流。从改革开放以来，随着时间推移，教育的平均个人回报率（增加一年教育带来的收入增长）是持续提高的。

2. 理论的一般化与若干含义

（1）收入流的时间长度。其他条件不变的情况下，教育所带来的收入增量的时间持续越长，教育越是可能成为一项有利可图的投资。由此，我们可以为两个现象提供解释：①年轻人总是更加愿意选择接受教育，因为比起年龄更大的人来说，年轻人受教育之后获得更高收入的收益期更长；②上述理论可以部分地解释由性别因素引起的收入差距，很多女性都会在孩子出生到长大这段时间选择退出劳动力市场，这就意味着同样的教育对于女性来说收益期比较短，从而降低了女性接受教育和家庭投资于女孩的激励。

（2）成本。相同条件下，人力资本投资的成本越低，就会有越多的人发现教育投资是有利可图的。由此可以获得的一个重要的政策含义，如果由政府出面为学生的贷款提供担保，那么就会降低贷款人的风险，从而能够降低贷款人向学生收取的利息。受教育的利息成本降低了，就会有更多的人选择接受教育。同样道理，宏观经济状况也会影响青年人的受教育选择。比如，当经济处在一个较长期的低迷状态时，青年人工作的机会就少了，这意味着接受教育的机会成本下降，于是选择受教育的青年人就更多了。

（3）收入差距。除了接受教育之后的收益期，接受教育和不接受教育的人之间的收入差距也是影响教育决策的重要因素。不难想象，两者之间的差距越大，选择教育的人就越多。从当今世界来看，随着人类社会逐步进入知识经济时代，世界范围内出现的趋势是受过高等教育和未受高等教育的人之间的收入差距正在逐步扩大。

4. 教育的社会成本与收益

教育的社会成本与收益要比私人成本与收益包括的内容更广泛。从社会的角度来看，国家对教育的补贴是一项重要的教育成本，但这部分支出不是由私人承担的，因而在私人决策中是不被考虑的。类似地，教育的个人收益是以税后收入来计算的，但体现教育的社会收益的收入却应该用税前的收入来计算。更为重要的是，在计算教育的社会收益的时候，有必要考虑到一些不被受教育者个人得到,但却被社会得到的收益，即具有正外部性的社会收益：

第一，受过良好教育的人一般来说失业率较低，而教育水平较低的人失业率较高，犯罪率也较高，所以对一个社会来说，提高居民的受教育水平就能够节省社会福利支出、治理犯罪支出，以及法律执行支出。

第二，人们通常认为，居民文化程度的提高往往能够提高政治活动的参与程度，改善政治决策的质量，保证社会的政治秩序良好地运转。

第三，教育的改进还能够产生一种隔代的收益，因为在父母教育良好的家庭里，孩子能够得到更好的照料和学前的教育。

第四，受过高等教育的人如果从事研究性工作的话，他们的研究成果往往对社会有着重要而广泛的影响。

第五，教育还是一种传输意识形态的工具，降低社会冲突和实施社会规范的成本。

5. 资本市场的不完善性

在一般市场经济国家，教育贷款是支持年轻人接受教育的主要经济来源之一。但是资本市场是不完善的，这可能妨碍它发挥为教育提供经济支持的功能：

首先，因为人力资本是内在于人本身的，教育贷款往往不能像房地产或消费品抵押贷款那样找到直接的抵押品。一旦教育贷款者未能如期偿还贷款，那么借款方很难找到弥补损失的方法。于是，为了减少这种违约风险造成的损失，借款人往往对教育贷款征收更高的利息。

其次，一般来说教育贷款的主要需求者是年轻人，但他们却缺乏良好的信誉保证和足够的抵押品来获得贷款。

最后，人力资本投资也是有风险的，虽然平均地来看教育程度提高后收入也随之提高，但总是有部分人即使接受了高等教育，其收入仍然低于高中毕业生的平均收入水平，而对于借款方来说，却很难了解到底是谁的教育投资风险更高。这种收益的不确定性也会使得借款方通过提高利率来作为风险的补偿。

资本市场的不完善性对教育贷款的影响有两个不良后果，使得教育投资低于社会最优规模：由于教育贷款存在的风险和不确定性，金融机构的一个选择是不发放教育贷款，这样的话，一个人是否接受教育的决策就受制于其家庭的经济实力。于是，穷人的孩子就可能失学，而这又导致这样的家庭难以摆脱穷困，从而导致社会在收入不均的状况中不断地恶性循环。

另外，如果一个社会进行教育投资最佳规模的决策，就需要将教育投资进行到教育的边际收益与边际成本相等为止。又由于教育贷款的利率（边际成本）要高于物质资本投资的贷款利率（边际成本），所以在教育投资的最佳规模下，教育投资的边际收益一定高于物质资本投资的边际收益，也就是说，教育是投资不足的，社会资源的产出没有达到最大化。

（二）在职培训

很多劳动者在工作时所需的技能不是得自于学校教育，而是通过在职培训获得的。在职培训包括的内容非常广泛，有的是比较正式的培训，有时则是采取一些非正式形式，比如，"干中学"（*learning by doing*）、向老职工请教、顶替缺勤的老职工等。

与学校教育相类似的是，在职培训也有相应的成本与收益。企业为在职培训所支出的成本主要包括一些培训的直接费用（如聘请教师、租赁场地的费用等），以及一些由培训所引起的间接费用（主要是在职工培训期间所损失的产出）。接受在职培训的职工为培训所承担的成本则主要是培训期间损失的工资，此外，他们还需要为培训付出一些时间、精力，甚至部分的培训费用。试想一下，既然企业和职工都愿意接受在职培训，一定是在职培训的收益超过了成本。对于企业而言，在职培训的收益是提高了员工的劳动生产率，从而增加了企业的利润，而职工在接受培训之后则能够因为劳动生产率有所提高而获得更高的工资。

为了理解在职培训的成本与收益怎样在企业与职工之间分配，需要区分两种类型的培训：一是对所有企业均有用的技能和知识方面的培训，比如，外语和计算机应用的能力,称为一般培训;二是特殊培训,其内容是那些仅对特定企业或特定工作才有用的技能和知识,比如,国家统计部门对人口普查的调研员进行的培训。企业的在职培训往往同时具备以上两个方面的性质,很难确切地将某一培训项目进行归类,但进行一下大致的区分仍然有助于我们理解一些问题。

此外,现实中企业如果愿意为职工支付在职培训的费用的话,一般都会规定员工在培训完成以后为企业服务一定的时间,以此来挽留员工,如果职工提前离开企业需要交纳一笔赔偿金。企业之所以这样做是因为大多数培训都不是绝对的特殊培训,否则就不需要用赔偿金来制约职工了。

对于企业来说,通常会愿意把在职培训的机会给那些受正式教育较多的人。劳动力市场上的信息不对称现象是很严重的,这时教育就成了一种"信号发送机制",受教育水平高就成了一个人的能力的证明。当企业没有什么其他信息来对员工的能力进行甄别时,选择那些受教育水平高的员工进行在职培训通常是合算的,一般来说,他们对新的知识和技能学得更快,在相同的学习过程中花费的成本也较低,企业的人力资本投资就更加有利可图。教育水平高的员工往往有更多的机会接受在职培训,这就为受教育水平高的人收入也上升得更快这一现象提供了部分的解释。

(三)中国教育投资与回报

在传统的计划经济体制下,不同受教育程度的人之间的收入差距是很小的,这一结果完全是借助于行政性的手段达到的,这就使得教育投资的个人收益率非常低。在经济体制的改革过程中,这种现象逐步得到改善。

长期以来,中国的教育个人收益率低下的原因主要有:①劳动力配置和使用效率低下,必然影响到职工劳动生产率的提高和职工收入的增长;②教育投资效率不高,小学、中学和大学教育的投入比例不合理,大学教育学科设置不合理,脱离现实需要;③长期以来中国存在着轻视教育、轻视科技知识的倾向,教育程度没有成为决定工资收入水平及晋升的重要因素;④中国的高等教育市场上教育质量良莠不齐,这就使得高等教育对劳动力能力的信息甄别作用下降了,而这又必然反过来影响高等教育的收益率。

从整个改革的过程来看,由于人力资源的配置越来越多地通过市场机制来实现,以及企业内工资决定机制的改革,中国的人力资本投资的个人收益率从总体上来看明显提高。中国的高等教育从20世纪末以来经过了非常迅速地扩张过程,高校毕业生数量从2001年的114万迅猛增长到2020年的874万。大学扩招使毕业生的就业出现了一定程度的困难,但从教育回报率的变化趋势来看,似乎并没有出现教育回报率下降的现象,因此,一定存在着一些因素在维持教育的高回报。

教育的投资还与金融市场有关。长期以来,中国的资本市场并没有对于个人的教育投资提供金融支持,所以人们习惯于使用家庭的储蓄来供子女上学,或者通过亲朋好友的资助来弥补资金的不足,这非常容易造成穷困家庭子女的失学,以及贫困的恶性循环。而且这种贫困的恶性循环还会使得地区间和人群间的发展差距有扩大的趋势,为了缓解这一问题,中国非常依赖政府通过学校提供的资助来帮助贫困学生接受高等教育。从20世纪90年代末以来,中国的教育贷款发展非常迅速,普通高等学校的在校生申请教育贷款的手续非常简便。在近些年的扶贫攻坚战中,对于贫困家庭孩子上大学,政府给予一定的资助。

在20世纪90年代以前,中国的高等教育几乎是免费的,在高等教育市场化的过程当中,学费在不断提高。高等教育"上学难"的问题不能通过教育由国家包办来解决,而应该通过国家为低收入者提供奖学金,以及金融市场的完善来弥补教育市场的不足。显然,在这一过程中,通过建立大学生的信用体系,降低教育贷款的风险是增加教育贷款供给的有效举措。

在教育体系中,人们普遍认同基础教育的外部性是非常强的,因此,在基础教育的提供中,除了更多地引入私人资本办学,政府应该扮演关键的角色。

在中国农村,教育水平需要持续提高是问题的一方面,而当教育水平提高之后,在哪里提高教育的回报则是问题的另一方面。如果农村人口众多,人均农业用地面积小,这时,教育水平的提高对于促进农业生产和提高农民收入的作用就很微弱,农村居民让其子女接受教育的积极性也不强。如果要持续提高农村人口的教育水平,关键仍然在于持续地发展经济,提高城市化水平,让越来越多的农村人口能够在城市工业和服务中获得其教育回报。这样,既能为城市发展提供足够数量和质量的劳动力,同时,也能够提高农村人口接受教育的激励,并通过获得教育回报而提高其收入。

第四节　个人劳动力供给与家庭劳动力供给

一、劳动力供给的基本原理

（一）劳动力供给的影响因素

从经济因素上分析，影响个人劳动力供给的主要因素是个人收入总量和市场工资率，以及劳动者的家庭生产与市场劳动的选择。个人收入包括劳动收入和非劳动收入，个人收入总量往往决定了个人的经济状况。一般来讲，个人经济状况越好，其参与社会有酬劳动的经济动机越小。当然不排除他以义务形式参加社会工作，但这不在分析范围之内。市场工资率往往决定一个劳动力是否提供劳动和提供多少劳动，这是影响劳动力供给的一个重要变量。

劳动者可支配的时间是一定的，因此，他必须在从事社会劳动和家庭生产之间进行抉择。这一抉择影响其劳动力供给。

在经济分析中还必须指出个人偏好。所谓个人偏好，是指某人对待工作和闲暇的态度，有些人在二者中更加偏好工作，有些人则相反。个人偏好受个人家庭背景、教育等因素的影响而不同。因而，从严格意义上讲，偏好不属于经济分析范畴。所以，在经济分析中一般假定偏好不变。

在完全竞争的市场条件下，要素市场单个买主或卖主的需求量或供给量不会影响要素价格。因而，生产要素的供给对单个厂商具有完全弹性，也就是说单个企业面临的生产要素供给曲线是一条水平线。这意味着，企业可以按照既定的价格购买到所需要的生产要素。但是，对于整个市场来讲，其供给曲线就不再是一条水平线了，因为市场是所有企业结合在一起的，它不能按既定的价格买到它想买的任何数量的要素，从而有可能影响要素市场价格。市场上要素供给量与要素价格之间的关系比较复杂，在有些情况下，随着要素价格的提高而供给增加，在有些情况下，要素价格上涨，供给却不增加。如土地要素，对全社会来讲，可以假定土地的总面积是不变的，土地价格的提高并不能带来更多的土地供给。

（二）劳动力供给的含义

劳动力供给是指在一定条件下（如工资水平），劳动力供给的决策主体愿意并且能够提供的劳动量。供给函数可以表示为：

$$S_L = f\left(P_L, P_K, P_L^E, \cdots\right) \quad (2-2)$$

按供给主体来分，劳动力供给可以分为以下三类：

第一，个别劳动力供给。这是指劳动者个人的劳动力供给行为和决策。

第二，家庭劳动力供给。这是指家庭作为一个整体的劳动力供给。

第三，社会劳动力供给。这是指一个社会一定时期内劳动力供给总量。

（三）劳动力供给的弹性

劳动力供给弹性是劳动力供给变动对工资水平变动的反应程度。用公式表示：

$$E = \Delta S\% / \Delta W\% \quad (2-3)$$

式中，$\Delta S\%$ 代表劳动力供给变动的百分数；$\Delta W\%$ 代表工资水平变动的百分数。

上式中的劳动力供给弹性的不同数值对应了不同类型的劳动力供给弹性。当劳动力供给弹性为零时，称为无弹性，如图 2-11（c）中曲线 S 所示；当劳动力供给弹性大于零时，称为正弹性，如图 2-11（b）中曲线 $S1$，$S2$，$S3$ 所示；当劳动力供给弹性无穷大时，称为无限弹性，如图 2-11（a）中曲线 S' 所示；当劳动力供给弹性为负数时，称为逆变弹性，如图 2-11（d）中曲线 S' 所示。

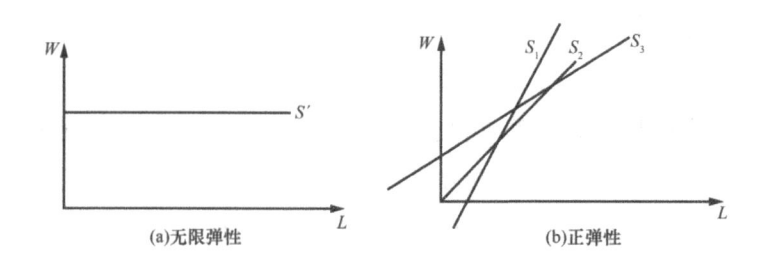

(c) 无弹性　　　　　　　　　(d) 逆变弹性

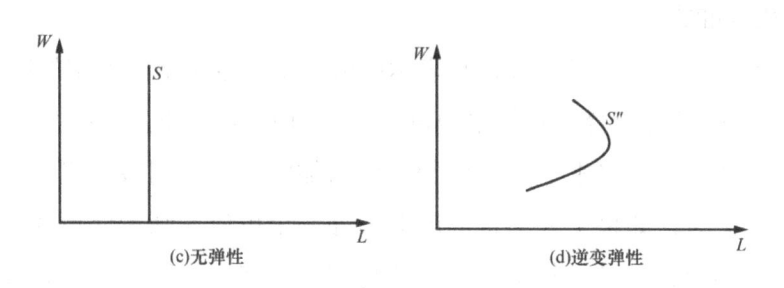

图 2-11　劳动力供给弹性曲线

二、个人劳动力供给

（一）工作闲暇决策模型

对工时供给的传统分析考虑的是单个工人的时间在（有酬）市场工作和所有非市场活动之间的配置。按照通行的做法，简单地将所有非市场活动（无报酬活动）称为闲暇。

既定工人个体的效用是其消费的闲暇和所获得收入的一个增函数。在假定价格不变的情况下，收入代表对消费品和劳务的购买力。假定这个工人会以使效用最大化的方式在市场工作和闲暇这两种相互替代的用途上分配可利用的时间。但这个工人要受最大可利用时间（每天24小时）和外生的现行工资率的约束。这个工人的问题正是我们熟悉的所谓约束条件下的效用最大化问题，可以用无差异曲线加以分析。

图 2-12 描述了这个工人在工作和闲暇间的选择。图中横轴表示所消费的闲暇时数，用 L 表示。纵轴表示收入 Y，最大可利用时间是 24 小时。市场工作时间（H）通过 24 小时减去所消费的闲暇时间得出，从而在图中的横轴上，从原点向右侧的距离表示闲暇时数，由 L' 向左的距离表示市场工作时数。例如，$L0$ 点表示每天有 8 个小时的市场工作时数和 16 个小时的闲暇时数。

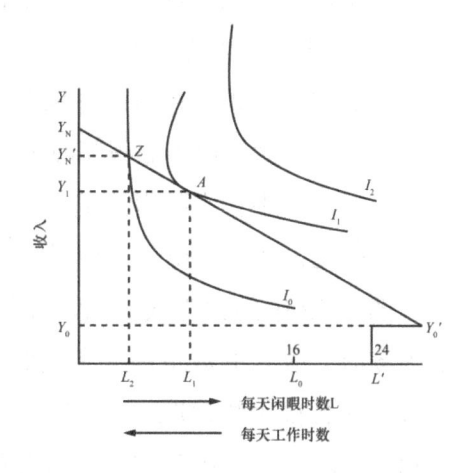

图 2-12　最优收入与闲暇

1. 无差异曲线

曲线 I_0 是一条无差异曲线，它表示能够带来一定水平的效用的闲暇（L）与收入（Y）的各种组合，其斜率为负，表示如果闲暇时间较少，为使这个工人的效用保持在既定水平上就需要相应地增加收入。用闲暇替代收入的边际替代率则定义为，如果工人消费的闲暇增加一个单位，则为保持效用水平不变所需要放弃的收入量。对于闲暇消费足够小的变化，可以用无差异曲线在该点上斜率的绝对值来衡量边际替代率。图2-12中的无差异曲线 I_0 凸向原点，表示如通常所假设的那样，效用函数的边际替代率是递减的。由于假定收入和闲暇都越多越好，则越是处于右上方的无差异曲线所代表的总效用水平越高。

2. 预算线

下面考虑这个工人所面临的约束条件，给定目前流行的小时工资率（W）并假设它保持不变，不受工作小时数的影响。这个工人的工资收入等于 W 乘以工时数，其最高限为 $24W$，即他所能挣取的收入最高为所有可利用时间全部用于市场活动时的收入，他每小时的闲暇所放弃的收入（或机会成本）也等于 W，这个工人需要在市场工作即在收入（或商品）和闲暇之间进行选择。例如，在某一给定工资率上，这个工人可能选择享受更多的闲暇。在这种情况下，他将只能得到较少的收入（从而对市场和劳务的消费将减少）；相反，他也可以选择较长的工作时间以放弃所消费的闲暇为代价取得更多的收入。

这里需要强调两点：第一，实际上任何人每天能够用于市场活动的时间都小于24小时，因为每天都至少需要有一定的闲暇时间用于吃饭、睡觉之类的活动；第二，即使市场工作时数为零，收入也不一定是零，因为人们可以通过其他一些途径得到非报酬收入（非劳动所得），如通过资产的所有权得到收入。在现实中，实际得到的非劳动收入可能与其总量不一致，因为存在一次总付的税，如人头税，这种税的缴纳不受人们工作时数和收入的影响。

图2-12中的预算线 $L'Y_0'ZYN$ 说明了这个人面临的约束条件。当工作时数为零时，收入的数量即非劳动收入量 $Y0'$ 给定，超出这一数量的收入只能通过工作替代闲暇挣取。在 L' 的左边，预算线是线性的，其斜率为 $-W$。这表示，每增加一个小时的闲暇所要放弃的收入均等于小时工资率 W，它代表了用货币收入换取闲暇的比率。在图2-12中，已经知道预算线与纵轴交于

YN 点之前是连续的，YN 点表示所有可利用时间都用于市场活动所能挣得的收入。在这一点上，全部收入为 24 小时的劳动所得加上非劳动收入。但是，如前所述，在现实中一个人每天能够用于市场活动的最高时间限制实际上低于 24 小时。据此，可以将某一点视为预算线终点，如图 2-12 中的 Z 点，它表示最低限度的闲暇 LZ，相应地有最大收入 YN'。

（二）福利制度与劳动力供给

（1）失业保险与劳动力供给。由国家支付失业保险时预算线具有一种非此即彼的特点。个人或者接受有酬的就业，在这种情况下，预算线为图 2-13（a）中的 XY_0L；或者选择不参与工作而获得国家的失业保险，从而其预算线为在其他非劳动收入的基础上加上 Y_0Z。

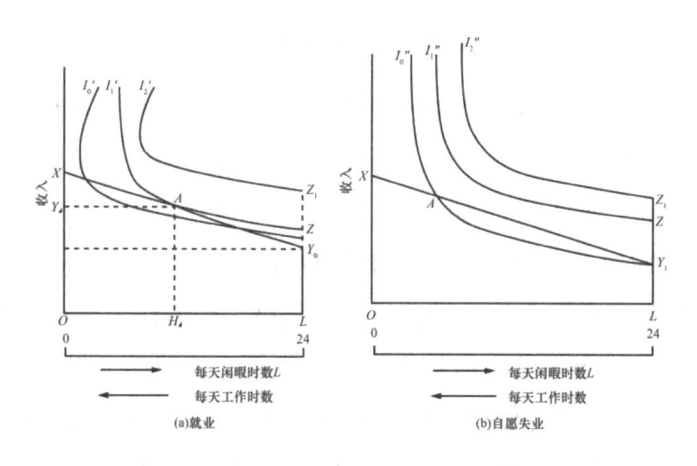

图 2-13 预算线

从图 2-13（a）中看，这种二者择一的结果如果是选择就业，也就是选择了处于 XY_0L 线上的某一点；如果选择非参与，则是选择了 Z 点。在这两种可能之间选择哪一种取决于两个变量的相对大小：一是个人收入与闲暇间的边际替代率；二是工资率，即用所放弃的报酬表示的闲暇的价格的高低。在图 2-13 中，效用最大化的内解点是 A，从而个人选择每天工作 $L-HA$ 个小时，每天得到的总收入为 YA。相反，图 2-13（b）所表示的个人用闲暇替代收入的边际替代率较高，效用最大化的点是 Z，从而个人不选择作为参与受雇用的劳动力人口，而是选择每天有 OL（24 小时）的闲暇和包括非劳动收入 LY_0 及国家付给的失业保险 Y_0Z 在内的总量为 LZ 的日收入。从个人是通过留在劳动力人口之外来实现自身效用最大化这一点上说,他可以视作自愿失业者。

令人感兴趣的一点是,这个模型预示着当失业保险增加到一定限度后,类似于图2-13(a)所表示的那种人可能也倾向于选择非参与。例如,如果将失业保险提高ZZ1,图2-13(a)中的个人将在Z点实现效用最大化。在这一点上,个人通过自愿失业达到效用水平大于通过就业所达到的效用水平。

(2)福利计划的改进。通过上面的分析我们知道,当失业保险增加到一定限度后,可能是类似于图2-13(a)所表示的那种人也倾向于选择非参与,那么就会导致更多的人自愿失业。为了使更多的人参与到社会劳动中来,需要对福利计划进行必要的改进。政府可以通过规定劳动达到一定时间之后才能享受救济,而收入超过一定水平或劳动时间超过一定时间后就不能领取救济来促进更多的人就业。

(三)个人劳动力供给与市场劳动力供给

市场劳动力供给曲线之所以不像个人劳动力供给曲线那样在某一工资率后向后弯曲,原因在于:第一,由于每个劳动者对闲暇的偏好不同,当工资率变化时,虽有一些人可能减少其工作时间,但其他人可能会相反增加工作时间;第二,对有些劳动者来说,工资的增加只会产生替代效应,因为他们不愿意在较低的工资下工作,随着工资的提高,他们认为出来工作是值得的,这些新进入劳动力市场的人增加了劳动力供给,使劳动力供给曲线向右下方倾斜;第三,个人劳动力供给曲线,如图2-14(a)所示,是以周工作时间计量的,而市场劳动力供给曲线,如图2-14(b)所示,则是以百万工时计量的。基于上述三个原因,市场劳动力供给曲线是向右上方倾斜的。

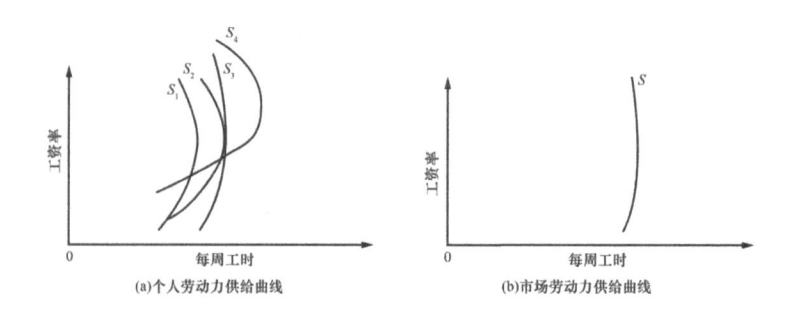

图2-14 劳动力供给曲线

综上所述，可以看出，个人劳动力供给曲线、单个企业面临的劳动力供给曲线和市场劳动力供给曲线是不同的。对于单个人来讲，其劳动力供给曲线往往是向后弯曲的，即在某一工资率水平之后，工资率再提高将会导致劳动力供给的减少。对于市场上单个企业来说，由于它经常面对的是近于完全竞争的市场，所以企业所面临的是一条水平的劳动力供给曲线，这意味着企业只能根据市场来确定雇用劳动力。从整个市场来说，劳动力的供给曲线表现为向右上方倾斜，这主要是由于整个劳动力市场存在大量的供给者，个体之间的差异形成了一条向右上方倾斜的供给曲线。因此，分析不同问题时要运用不同的曲线。

三、家庭劳动力供给

工作—闲暇模型最初主要用于分析男性劳动力的工作决策。从传统上看，男性是劳动力市场的主力军，成年男人投入毕生精力从事市场性工作，几乎与家务、抚养子女等非市场性工作无缘。但是，一方面由于妇女解放运动在全球兴起，女性在家庭和社会中的地位普遍提高；另一方面由于社会分工不断细化，出现了一些适合于女性供职的产业部门，妇女的就业机会大大增加，妇女的工作参与率也日益提高。

（一）家庭生产函数

要进一步分析劳动力供给行为，就要深入家庭之中，分析同样的时间如何用于工作和家庭。在这种分析中，家庭不再是单纯的消费场所，这种分析把家庭的很多活动看作一种"家庭生产"，如准备一日三餐、洗衣服、购物等，都可以看作带来效用的家庭生产活动，并且这种"家庭生产"生产出同等效用的使用不同的生产时间和购买物品组合。实际上，此时时间支配方式已经分为三种,即市场性工作、非市场性工作（如从事家务和接受教育等）及闲暇。家庭作为一个基本决策单位，其确定每个成员时间支配方式的要旨在于使家庭的长期和短期效用最大化，所以家庭成员时间支配方式组合必须考虑到非市场收入和每个成员的工资水平。

我们来看非劳动收入对家庭成员支配时间的影响。闲暇是一种正常品，消费越多，消费者从闲暇得到的效用就越大。家庭非劳动收入增加导致家庭成员工作参与率降低。新古典劳动力供给模型只涉及二维变量，即工作和闲暇。劳动力家庭供给函数涉及三维变量，即市场性工作、非市场性工作和闲暇。二者的一个显著区别在于，前者在时间支配上是彼此消长、互相排斥的，但对家庭劳动力供给函数来说，闲暇的增加未必绝对意味着工作时间的减少，因为闲暇也可以通过减少非市场性活动来获得。

可以用等效用曲线来表示引进家庭生产后的时间资源使用模式。如图2-15所示，在横轴上家庭生产时间与劳动力市场时间相反，表示既定的可支配时间多用于工作就要少用于家庭生产。Q_0 和 Q_1 表示两种不同效用的等效用曲线，Q_1 效用水平高于 Q_0，在同一条曲线上，为得到同样水平的效用则有不同形式的组合。

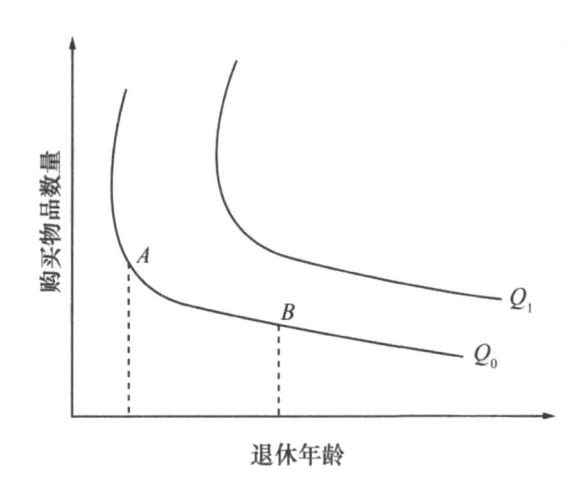

图 2-15 退休年龄与购买物品数量的等效曲线

商品货币价格对每个人来说是相同的，但由于每个人的工资率不同，因而时间的相对价格就不同。所以，在高工资收入的情况下通常选择商品密集的生产方式，如图 2-15 Q_0 曲线中的 A 点，即多用现成品少使用时间；在低工资的情况下，通常选择时间密集的生产方式，如图 2-15 Q_0 曲线中的 B 点。它们达到的效用水平是一样的。可见，由工资率能够反映出时间价值的大小，人们将根据工资率的高低来选择家庭生产和劳动力市场的时间组合。

（二）家庭劳动力供给决策模型

在研究家庭劳动力供给决策模型时，必须有两个前提假设：一是家务劳动和有酬劳动具有替代性；二是只有一个决策者的家庭。在这两个假设的前提下，主要研究一方工作且收入不变条件下的供给决策和不同条件下家庭劳动力供给两个问题。

1. 一方工作且收入不变条件下

假设一个家庭中的男性已经就业，他的收入保持不变而妻子的就业决策是在丈夫的已有收入基础之上做出的，并且工作时间为制度时间。也就是说，对一个劳动者来说，要么不工作，一旦工作，必须达到工作的时间。如图2-16所示：用 t 和 H 表示制度工作时间；W_1,W_2,W_3 代表三个不同的工资水平；U_1,U_2,U_3 是代表效用从小到大的三条无差异曲线；Y_1,Y_2,Y_3 为家庭收入水平，Y_1 是当妻子不工作时的家庭收入水平，Y_2 是当妻子工作且工资率为 W_1 时的家庭收入水平，Y_3 是当妻子工作且工资率为 W_2 时的家庭收入水平。从图2-16中可以清楚地看到，当工资小于 W_2 时，妻子就不会就业，因为在工资率为 W_2 时，Y_2 与 U_2 相切于 E 点，此时的效用水平和妻子不工作时相等。如果工资率低于 $W2$，家庭中的女性去工作会使效用水平下降，图中工资率为 W_1 就是一个例子。

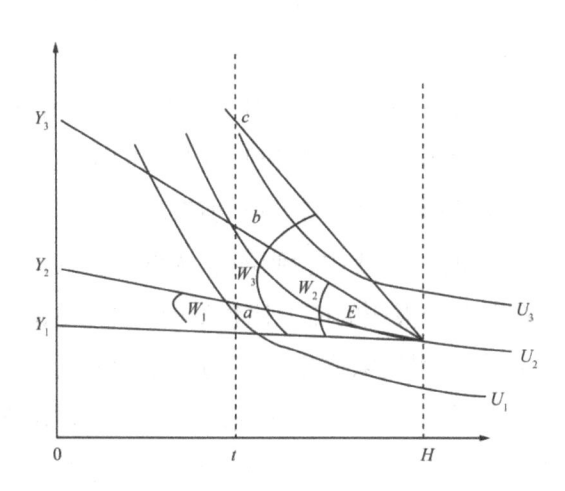

图2-16 一方工作且收入不变条件下的供给决策

2. 不同条件下家庭劳动力供给

（1）家庭成员收入增加后的影响。家庭收入（如丈夫收入）增加以后，如果家庭的偏好保持不变，则妻子的工作决策不变，对最低工资的要求也不会改变。但是如果偏好改变，则妻子的工作决策要变化。而现实中，家庭收入增加后偏好总是倾向于增加闲暇，因此妻子对工资的要求提高。

（2）家务劳动的影响。如果把家务劳动与闲暇区分开来，在工作时间不变的条件下，闲暇时间相对较短，使其边际效用增加，从而会要求更高的工资水平才会就业。因此，家务劳动对劳动力供给有负作用。

（3）劳动时间长短的影响。如果工资率不变，劳动时间越长，闲暇边际效用越大；劳动时间越短，闲暇边际效用越小。因此，劳动时间越长，劳动参与率会越低；劳动时间越短，劳动参与率会越高。

（4）教育培训的影响。如果其他条件不变，只限于教育、培训等人力资本投资较高的回报预期，则人力资本投资对劳动力供给的影响是负面的。因此，青年人劳动参与率较低。

（三）劳动力供给的生命周期

（1）已婚妇女的劳动力参与模式。在现代社会，妇女的劳动参与率已经达到一个很高的水平。当孩子出生后，夫妻至少一方的边际家庭生产率相对较高，随着孩子成长，这一生产率可能开始下降，这意味着主要照看孩子的一方（通常是母亲）从事市场工作的时间较少，在家中的时间较多。随着孩子年龄的增长，主要照看孩子的一方在家中的时间减少，市场工作时间会增加。

（2）替代效应和一生中何时开始工作。与分析妇女在不同阶段就业一样，每位劳动者都面临在一生中何时工作和何时在家的决策，而一个人在生命周期中何时工作是由市场和家庭生产率的大小来决定的。当其得到的工资报酬的能力高于家庭生产率时，他或她会倾向于从事更多的市场工作来替代家庭生产；相反，当其获得工资报酬的能力比较低时，他将从事更多的家庭生产。

（3）退休年龄问题。假设家庭生产率随着年龄的增长基本不变，市场生产率（由一个人的工资率反映）或生命周期中工资的预期轨迹在一个人年轻时会很低，但随着年龄的增加，市场生产率会迅速提高，在晚年生产率停滞，甚至会下降。我们预测劳动力供给决策的两个重要变量：一是终生财富；二是每个年龄段闲暇或家务劳动时间的成本。如果一个人预期工资增长，那么只会带来替代效应；但非预期的工资变化则会导致其修订终生财富的数量，从而产生收入效应和替代效应。

一般地说，一个人退休越晚，年退休金越高，但得到退休金的时间越短。

已经假设退休者不再从事任何市场工作,退休者将计算未来退休金限制来确定退休年龄。也就是说,他将对各年退休金进行贴现后再进行决策。尽管退休金随着退休年龄而上升,但是由于获得这些高额退休金的期限在逐渐缩短,延期退休会减少终生社会保障津贴的现值。在某个年龄后,年退休津贴增加,但不足以抵消这种津贴年份的减少,所以人们将在此二者之间进行权衡后再决策。

第三章　劳动力流动与劳动力区域间配置

第一节　劳动力流动的内涵与理论基础

劳动力流动的主要表现形式：一是工作调整（岗位和职业），二是工作搜寻，三是劳动力迁移（岗位、职业与地域）。下面将对这三种表现形式进行进一步的理论分析。

一、工作调整

工作调整是指职工自愿或非自愿地调换工作，其一般在同一城市进行，伴随着迁移的工作调整相对较少。

工作调整的特征：①辞职率不高；②主动流动的意识有所增强；③高技能的人偏向于流向非国有部门，低技能的劳动力倾向于留在国有部门。

工作调整的原因有：①解雇（非自愿性流动），这是指由于自己的过失、表现欠佳、技术进步、需求萎缩等原因造成的非自愿性流动；②辞职（自愿性流动）。辞职通常是指职工为了更好地工作的自愿行为，职工自愿流动意味着劳动力市场处于不均衡的状态。

工作调整的人群特征体现在：①青年人调整工作次数较高；②受教育程度高的人工作调整倾向较低（与迁移不同）；③企业的特殊培训是工作调整的一种阻力；④工龄越长，工作调整倾向越低，工资与工龄关系越紧密，工作调整倾向越低；⑤女性工作调整的倾向高于男性，已婚女性高于单身女性，刚生过孩子的女性要高于其他女性。

二、工作搜寻

在简单的劳动力市场模型中，当市场达到均衡时，所有劳动力应该在同一市场出清的工资水平下就业，但现实的情况是，一方面几乎同质的劳动力之间的工资差异非常大，另一方面并不是所有的劳动力都能够在市场提供的工资水平下就业，工作搜寻理论就是用于解释这些现象的。在这种情况下，单个市场参与者进行一定的搜寻工作是理性的，搜寻的目的是改善他们有关各种选择的信息或知识。例如，在劳动力市场中，单个工人所拥有的有关可选择职业机会的信息一般是不完全的，而单个雇主有关可利用劳动力的知识同样也是不完全的。因而，搜寻理论认为，面临这种不完全信息，工人寻找职位和雇主寻找工人时，以某些形式收集某些信息或搜寻工作是理性的。显然，从事这种搜寻活动既有成本也有收益，并且，搜寻理论分析了理性的个体搜寻者权衡成本与收益、制定最优搜寻策略的方式。

工作搜寻是失业者或在职人员到劳动力市场中搜寻理想（工资高或工作条件好）工作的过程，劳动者在寻找工作职位的时候，是不能完全掌握有关可选择职位的信息的。工作搜寻之所以存在，其原因有两个：一是同质劳动力存在工资差别；二是劳动合同是一个存在风险的契约。

根据工作搜寻的途径，可以把搜寻分为正式搜寻和非正式搜寻：正式搜寻是指通过职业介绍所、学校就业机构等寻找工作；非正式搜寻是指通过亲友介绍、招聘信息等寻找工作。

根据搜寻的频率，还可以将搜寻分为集约型搜寻和粗放型搜寻：集约型搜寻与聘用方联络次数少，但每一次都花较高的代价；粗放型搜寻与聘用方联络次数多，但不去花多少精力仔细研究。

另外，还可以将搜寻分为在职职工搜寻和失业者的搜寻。

三、劳动力迁移

劳动力个人的迁移决策仍然可以纳入成本收益分析框架中，经济学家、社会学家、人口统计学家，以及地理学家都对劳动力的迁移做了广泛的研究。经济学家通过对迁移的人力资本模型的研究阐述了劳动力地域性迁移的决策。

人所具备的劳动技能、存储的生产知识，以及积累的工作经验等都是人力资本最直接的呈现方式。在学习和完善自身技能技巧的过程中，人不仅要付出时间和精力成本，还要付出与之相对应的经济成本，这种经济成本的本质就是所谓的人力资本投资，其在未来的回报获取方式就是通过技能技巧转化为工作动力和相应的附加收入。人力资本投资可以增加人力资本存量，虽然短期内付出了一定的成本，但增加了未来收益的现金流量。人力资本投资行为包括获取更多的教育和培训，以及维持个人的健康水平。人力资本模型可以被用来理解和预测劳动力的迁移，这种模型将迁移当成一种投资来看待，即劳动者为了在今后一个相当长的时间段内获得收益而在早些时候承担某些投资的成本的行为。劳动者在迁移之前，预期收益与迁移成本的比较是其决策的最基本依据。倘若迁移和相关的货币成本、心理成本之和低于与之相联系的收益现值时，这就意味着劳动者将面临三个选择，一是更换工作，二是地域性迁移，三是在地域性迁移过程中完成工作的更换。反之，若是高于收益现值，则表明劳动者无须经历这种变动。

第二节　劳动力流动的成因与影响因素分析

劳动力在不同工作岗位、不同职业、不同区域之间的流动，是劳动力市场最为显著的特征，在现实生活中，这些变化是很普遍的。产品需求、劳动生产率水平、家庭环境和个人偏好的改变，都会促使劳动者重新选择雇主、职业和工作区域。同样，应对变化莫测的经济环境，雇主也会及时做出反应。当经济繁荣时，为了扩大生产，雇主需要招募新员工、增加新的机器设备；而当经济出现衰退时，雇主就会解雇现有员工、关闭部分机器设备，或者将公司转移到成本较低的区域。工人和雇主的这些行为使得更多的劳动者在岗位、职业和工作区域中不停地变换。任何市场的作用都在于促进资源交换的实现，劳动力市场也不例外，劳动力的这种自由流动，使劳动力转移到其社会价值最大的位置，从而提高资源配置的效率，使得劳动者、企业和消费者的效用达到最大化。劳动力的流动是要付出成本的，劳动者为了在以后增加自己的效用，就必须在短期内承受向新雇主转移的成本。

一、劳动力流动的成因

劳动力流动指的是劳动者为获得新的就业机遇、实现劳动收益的提升而选择的移动，也称劳动力迁移、经济活动人口迁移，具体流动形式大致上包括三种——地域性流动、行业性流动、职业间流动。随着我国改革开放的进行和社会主义市场经济体制的确立，劳动力的流动频率已大大加快。但必须认识到，与美国、日本等发达市场经济国家相比，目前我国的职业流动率仍然很低。我国现行的户籍制度、人事档案制度，以及社会保障制度等仍对人们的职业流动构成一种障碍。这些都说明在中国建立起完善的劳动力市场制度，为人们自由地流动提供条件，仍是一项十分艰巨的任务。

（一）劳动力流动的条件

将劳动力流动与市场经济条件相融合时，可以发现，劳动力流动具有一定的必然性和条件性。

第一，个人所有权的实现。劳动者个人所有权的实现意味着劳动者可以在不考虑非经济因素的情况下，自由支配和决定自己的劳动力。

第二，区域间经济福利的差异化。造成劳动力流动的原因是多样化的，但是其中最主要的一个原因就是经济福利的差异化，简单来讲就是劳动所得，不同地区和工作之间的就业机会、就业条件、劳动所得、福利待遇等方面必然有一定的差距，这种差距"诱惑"着劳动力的迁移，这种原因在地域性流动上体现得最为明显。

第三，市场经济条件下劳动者享有充分的就业自主权。在计划经济条件下，劳动力就业采取政府在既定的地理区域范围内直接安排与调配的就业方式，工资标准也由国家统一规定，因此较少发生劳动力的流动。但在市场经济条件下，政府和企业只是给劳动者提供就业机会，劳动者必须通过竞争才能真正获得工作职位，这就对劳动者形成一种压力，使其在某一特定劳动力市场求职时，也可能是由于竞争失败，也可能是由于不满足现有的工作条件或劳动报酬，因而产生了一种强烈的流动愿望。

第四，社会分工造成的劳动技巧和工作能力的专门化。市场经济条件下的劳动力和生产资料是相分离的，这种条件下的劳动分工使劳动力的需求变为按不同的生产过程划分的分门别类的需求，每一种特殊劳动都硬化为不同的专业，劳动者不能独立决定自己做什么、如何做和做到什么程度。这种劳动分工使劳动者失去对自身劳动的控制，从而成为迫使劳动者流动的社会强制性因素。

如果一个社会或地区具备上述四个条件，劳动力市场就会呈现出较高的流动性；如果只具备其中一两个条件，只会出现有限的劳动力流动；如果条件不稳定或者条件不够成熟，如一个时期的政策限制流动、一个时期不限制流动，或者经济福利差别甚微或社会分工程度低，都会使劳动力的流动受到不同程度的限制和影响。

（二）劳动力流动的形式

劳动力流动主要有三种形式：一是工作调整（岗位和职业），即职工自愿或非自愿地调换工作，这一般在同一城市进行；二是工作搜寻，这是劳动者获取市场信息，寻找适合自己工作的行为；三是劳动力迁移（岗位、职业与地域），即劳动力在不同地域间的流动。

如果以劳动力流动的地域和职业特征为依据，可以将劳动力流动分为四种形式：①工作变动而职业和地域不变，这种流动最为普遍；②职业变动而地域不变，这类变动既包括类似职业的变动，如会计人员转职做统计，也包括不同职业间的流动，如由从教转为经商；③地域变动而职业不变，劳动力地域间的流动包括城市间、地区间或国家间的流动。在许多情况下，劳动力地域间的流动不会改变职业，如一位科学研究人员从一国转移到另一国，往往会从事同一职业；④地域和职业同时变动，这种劳动力流动就表现为地域和职业的同时变动，如一名高校教师从小城市迁移到大城市成为一名保险索赔调解员。

（三）劳动力流动的类型

具体来讲，可以将劳动力流动分为以下类型。

（1）企业组织及集团（公司）内部的流动。通常情况下，企业组织内部的流动主要体现为劳动者在工种或者职位之间的流动，实现方式为提升。这种劳动力流动方式在专业技术人员中较为常见，据不完全统计，约有三分之一的劳动力流动属于这种流动方式。而企业集团（公司）内部的流动，侧重指发生在企业集团（公司）下属工厂之间的劳动力流动，其实现方式通常表现为直接调动。

（2）地域之间的流动。劳动力在地域之间的流动是指劳动力的职业没变，但可能是在地区之间或国家之间进行流动。比如，一位在跨国公司工作的部门经理，因为工作的需要，从一个国家或地区流动到另一个国家或地区工作。其具体分为两种形式：①地区之间的流动。地区之间的流动是指劳动力从一个地方劳动力市场转到另一个地方劳动力市场，或从一个地区转移到另一个地区的流动，其中包括农村到城市的流动。对工资和就业条件的比较是地区流动的最重要的因素，人们都是从工资低、就业机会少的地区向高工资、就业机会多的地区流动；②国家之间的流动。地区之间的流动是指一国劳动力向另一国的流动，一般来说，劳动力的国际流动存在着更大的决策障碍，因为信息不充分，语言与生活习俗乃至宗教文化传统不同，流动成本更高，风险更大。多数流动到国外的劳动力因为对预期的收入乐观才自愿冒此危险。

（3）行业之间的流动。劳动力在行业之间的流动是指劳动力从一个行业换到另一个行业，这种情况相对较少，因为劳动力从一个行业换到另一个行业，会经历较大的改变，他必须承受更多的心理成本、学习成本和信息成本。

（4）岗位之间的流动。岗位流动是较为常见的一种劳动力流动方式，是劳动力在同一区域、同一个职业的基础上，由之前就职的一个企业流动到一个全新的企业，或者在同一企业不变的基础上，由从事的一个职位流动到另一个职位的流动方式。举个例子来讲，就是某企业的人力资源经理跳槽到另一家企业，继续供职人力资源经理，或者银行职员由一个后勤部门调动到另一个服务部门继续主管后勤工作。

（5）就业和失业之间的流动。劳动力在就业和失业之间的流动是指劳动力由就业者变为失业者，或者相反，由失业者变为就业者。就业转为失业的流动一般是非自愿流动的，它主要受经济周期变动的影响。经济衰退时，工作岗位缺乏，失业率高，非自愿流动增加，自愿流动减少，经济高涨时期则相反。

二、劳动力流动的影响因素

劳动力流动是劳动者的自主选择行为，是其在是否流动与流向、流量、流速等方案中选取最优方案的过程。从选择的角度来看，一个人是否要在劳动力市场流动，以及流动后应如何寻求最适合他的劳动力市场，是经过评估个人自身条件、所处内在环境和外在因素后所做的决策。因此，就个人因素来看，年轻人及受教育程度较高的人较年纪大及受教育程度较低的人流动的可能性大，主要原因是年轻人所受到的牵制和考虑因素较少，其经流动的"投资"所能"回收"的终身利益较年长者高，而受教育程度较高的人较擅长索取及处理劳动力市场信息，并且他们的劳动力市场范围较大。因此，在这个选择的过程中，有多种因素影响和支配着劳动者的决策。

（一）年龄

分析导致劳动力流动的影响因素，年龄是一个绕不开的存在，20~24岁是劳动力流动的高峰年龄，这是因为这一年龄段的劳动者每年都会新增，而且地域流动性较大。在保持其他因素不变的情况下，年龄越大，流动性越低。而造成反相关关系的因素，主要包括：

第一，年龄大者收回投资的年限较短。同样的劳动力流动成本，流动后获得收入的时间越短，劳动力流动的净收益现值就越小。对于一个年轻人来说，虽然相对工资差别较小，但其终身收入十分巨大，因为他还要工作很长时间。而对于两三年以后就要退休的人来说，即使相对工资差别较大，也很难弥补其流动所带来的成本。

第二，年龄大者往往拥有较多的人力资本。在一般情况下，年龄、就职时间的长短与工资收入之间存在着正相关关系。员工在某一个企业工作时间越长，雇主为他投入的培训费用甚至包括特殊培训的费用就越多，特别是特殊培训这种人力资本投资，一般来说不适合于其他工作和雇主。所以，在若干年的培训后服务期所获得的工资收入中，就部分地包含了这方面的人力资本投资收益，这种工资收入很可能高于其他工作的工资收入。因此，不论收回投资的期限有多长，年龄较大者都不太愿意流动。

第三，年龄大者的流动成本高于年轻人。主要表现在：①年轻人个人物品有限，便于携带和搬迁，所以流动成本低；年长者长期居住某一固定场所，个人物品较多，不容易搬迁和携带，因此迁移成本高；②在资历和养老金方面，年轻人的工作年限和收入水平均低于年长者，所以损失更少，养老金对年轻人的吸引力也就相对较低；③从心理成本而言，年轻人也比年长者低，这主要是因为年轻人普遍年龄较低，在迁移过程中会因为离开朋友、亲属，以及放弃因熟悉环境所享有的收益而造成一定程度的心理损失，但与之相对应的年长者会在年龄增长的过程中发生心态的变化，进入成年期，他们尚未寻找到立足于成年人世界的有效方法，心理损失也不会过多，但当一个人进入一定的年龄段，尤其是对其所处环境中的子女教育系统有了更深入的了解以后。他们已经为自己建立起了庞大的朋友圈系统和社交网络，所以心理成本相对于年轻人要更高，因而他们流动的净现值更低，这种情况就会抑制迁移。家庭因素的作用也能说明这个情况。

（二）受教育程度

教育是同一群体内部影响劳动力流动性大小的重要因素。如果说年龄可能是预测谁将会迁移的最好标准，教育就是预测在同一群体内部哪些人会进行迁移的最好标准。从受教育程度对劳动力流动的决策看，受教育程度越高，劳动力流动的可能性就越大。受过高等教育的劳动力的就业市场更广泛，劳动者可以通过全国范围内多种媒介如报纸、职业广告，或者募工者的招工启事、网络等找到工作，这样寻找工作的机会就会增加，成本就会大大降低。而受教育程度低的劳动者的就业市场相对来说较为狭小，就业的机会也会较小。

在社会大众的普遍认知中，人们的经济生活很大程度上受到了科学技术的影响，这也就意味着，具备一定技术技能的劳动力在企业和就业过程中越容易受到重视，而科学含量较高的职业也成为人们就业的优选，因而引发了"资本追逐人才"的趋势。在人才市场上，人们会充分发挥自身的人才资本优势来获取期望的职业和工作。若遇到更高待遇的职位和更好的发展机会，他们就有可能产生流动的倾向，形成"人才选择资本"的态势。因此，文化程度越高，其迁移的可能性也就越大，迁移率也就越高。

受教育程度与劳动力迁移率的高低之间存在的这种正相关关系，在改革开放以来体现得尤为突出，劳动力以学者或留学身份走出国门，其中一部分劳动力会选择留在流入国，成为该国家的移民，这种劳动力流动主要是由受教育程度造成的。

（三）迁移距离

与其他影响因素不同，迁移距离越远，就意味着迁移成本的相应提升，与之相应的就是急剧减少的劳动力流动数量。之所以迁移距离会对劳动力流动产生这种影响，主要在于：

第一，远距离可能导致获取有效工作机会的信息受限，当就业市场与其他就业信息发布地区之间的距离足够远时，就会增加劳动者获取有效就业信息的难度，倘若是在家乡附近了解周边的就业情况，相对来讲就会便利很多，比如，报纸容易得到，而电话费用相对较低，在建立与朋友和亲属的联系方面就会更有效。

第二，远距离可能造成往来迁出地与迁入地之间的货币成本和心理成本增加，这是因为当劳动者产生探亲访友需求时，会产生交通问题，距离越远，交通成本就越大。当考虑到成本时，很显然人们会更倾向于近距离的迁移。

（四）失业率

从人力资本原理来看，失业率越高，则说明该区域的劳动力很大概率会流向外地，从而增加流动者的净收益。首先，从家庭的角度来讲，家庭中存在失业者，那么该家庭的流动概率就会大于其他家庭；其次，从地区的角度来看，劳动力流出与地区失业率直接正相关。但是，这种流出在高龄、学历水平较低或者具备较高的失业补贴和其他转移性收入情况下较少出现。失业率高的地区，劳动力更容易外流。

流动目的地的失业率是否会影响流动的决策呢？这很难说，因为一般失业并不总是反映某特定个人获得工作的可能性，同时，流入本身会增加流入地的失业率。然而，有一点是明确的，当前失业的劳动力更倾向于向那些失业率低于平均水平的地区流动。

（七）其他影响因素

（1）国家与地方政策。高个人所得税将阻止劳动力流动；政府花费在服务上的人均费用越多，越容易促进劳动力流动；政府吸引新行业的政策会导致特定地区劳动力的较大流入。

（2）国际环境。如劳动力流入地区的语言、政治环境、文化背景等，对于国际劳动力流动产生了直接影响。

（3）工会。工会是工人改善工作条件的诉求表达平台，可以减少劳动力的自愿流出，从而对劳动力流动产生影响。

（4）流入地的环境质量和气象状况。流入地环境质量优良、气象状况好将促进劳动力的流入。劳动力流动不单受个人因素影响，劳动力市场总体因素亦是一个重要角色。因此，若从劳动力市场总体因素来考虑，劳动力市场能否留住本市场的工人或吸引别的劳动力市场的人力资源，重要的决定因素也包括诸如劳动力市场的人口数（可代表市场之潜在经济规模）、就业成长率、失业人口数及失业率、都市化程度、产业结构形态、所得水准和环境品质等众多因素。

第三节 劳动经济学下的城乡劳动力流动

人们通常用经济发展水平来区分发展中国家和发达国家，而另一个重要的指标是经济和人口的结构。发达国家的产业结构通常以工业和服务业为主，尤其是服务业在 GDP 中的份额达到 60%，甚至 80% 以上，而发展中国家则处在工业化的过程当中，其中的低收入国家的经济结构甚至可能以农业为主。由于工业和服务业的发展往往集中在城市，而农业则集中在农村地区，因此，经济发展水平又与城市化水平相关，发达国家通常有 75%，甚至高达 90% 的人口居住在城市地区，而发展中国家的城市化率则相对较低。

发展中国家的经济结构具有两方面的二元特征：①在经济结构方面，同时存在相对先进的工业和服务业，以及相对落后的农业，经济发展过程表现为工业和服务业在 GDP 中所占份额逐步提高；②在人口结构方面，发展中国家人口中，农村人口比重较高，城市化水平较低，经济发展过程同时表现为城市化水平的不断提高。

一、刘易斯的二元经济发展模型

1954 年，美国经济学家刘易斯（Lewis）在英国曼彻斯特大学学报上发表了一篇论文——《劳动无限供给条件下的经济发展》。在经济学发展史上，这篇论文首次完整地提出了一个针对经济发展过程的二元经济模型，开创了经济学研究经济发展和结构转换的先河，至今也仍然是我们分析经济发展过程的基础。刘易斯获1979年诺贝尔经济学奖，主要就是因为他在发展经济学研究中做出的开创性贡献。

刘易斯的二元经济模型中存在两个部门，为了简化，可以称之为传统部门和现代部门；或者为了更为贴近发展中国家的实际，可以称传统部门为农业，现代部门为工业和服务业；如果进一步再假设工业和服务业是在城市里发展的，而农业主要在农村，也可以将传统部门称为农村，现代部门称为城市。这样，这个二元经济的工业化进程伴随着工业和服务业的提高，而城市化则伴随着城市人口在总人口中比重的提高，这两个进程是一致的。下面以农村来指代传统部门，以城市指代现代部门。特别需要强调一下，工业化进程并不一定是工业在经济中的比重持续提高，经济发展到一定阶段之后，服务业比重越来越高，而工业比重可能是下降的，但这不能说是工业化的倒退。因此，在经济发展的意义上，工业化进程指的是工业和服务业比重的提高过程。

在经济发展的早期，当城市经济还不发达的时候，发展中国家的农村存在着大量的剩余劳动力。剩余劳动力就是指这样一部分劳动力，当减少这部分劳动力的时候，农业的产出并不减少，增加这部分劳动力，农业的产出也不增加。当农业的土地数量给定，而人口—土地比率非常高的时候，农业的产出是由土地数量决定的，这时，人口的增减并不能改变农业产量，这时，就存在剩余劳动力。

在经济发展的过程中，一国只有发展现代部门才能吸收剩余劳动力，提高全体人民的生活水平。现代工业和服务的特点是它们的发展不再受制于土地数量的约束，只要能够不断地积累资本，城市总是可以源源不断地创造劳动力需求。在二元经济中，产量是受制于土地还是可以通过资本积累不断提高，是区分传统部门和现代部门的核心特征。这意味着在经济发展过程中，城市化水平不断提高是一个必然的过程。实际情况是，一个国家的发达程度总体上来说是与其城市化水平高度相关的。

在刘易斯模型中，经济发展将出现两个阶段。

在第一个阶段，随着城市不断创造新的劳动力需求，一些农村地区的剩余劳动力向城市转移，但这部分剩余劳动力的流出不影响农业的总产量。不妨假定，所有农村劳动力在农村是共同分享农业产出的，于是，当农业产出给定时，农业的平均产出也是不变的。这时，一个农村剩余劳动力只要在城市部门能够获得高于农业平均产出的工资水平，剩余劳动力就会不断地转移到城市。

经济发展的关键阶段就是第二阶段。这时，农业边际劳动生产率为零的剩余劳动力已经全部转移到了城市现代部门，在这个阶段劳动力如果继续从农业流出，必然导致农产品总产量下降，只有用资本替代劳动，才能避免农产品短缺。城市部门如果要雇用新的劳动力，就必然要提高工资，与农业竞争劳动力。这时，将出现劳动力短缺的现象，城市部门将出现持续的工资水平的上升。

刘易斯模型刻画了上述经济发展过程，这个产生于20世纪50年代的简单模型虽然没有进一步刻画农村的变化，同时，其城市的发展也仅仅被简化为一个资本不断积累的过程，实际上，如果进一步推理的话，在经济发展进入第二阶段以后，一个国家在城市部门出现的工资水平持续上升将带来一系列的变化。在通常情况下，资本的价格（利率）是相对比较稳定的，而当工资快速上升之后，劳动相对于资本就越来越贵，于是，城市部门将出现资本替代劳动的技术进步和产业升级，一些劳动密集型的产业将逐渐迁离本地。同时，在农业中，随着劳动力的持续减少：一方面人均土地面积将持续增加，以家庭为单位的生产方式将逐渐被大农场的模式所替代；另一方面，同样由于农业劳动力越来越贵，农业的机械化也将成为必然趋势。

二、基于我国城乡劳动力流动的二元经济模型

通常来说，一个高度简化的理论能够为我们分析现实提供一个很好的起点，而如果要更好地利用这样的理论来理解现实，就还需要看到现实与理论的差距，对理论进行适当的修正。

刘易斯模型所刻画的是一个完全竞争的劳动力市场，不存在劳动力从农村流向城市的制度性障碍，工资完全由劳动力市场的供给与需求曲线共同决定，不存在任何垄断性的市场力量来改变由市场决定的工资水平。相应地，流入城市的劳动力规模也是由市场供求共同决定的。然而，中国二元经济发展中的制度背景与刘易斯模型的假设不符，城市内部因户籍而存在的社会分割，城乡之间和地区之间的劳动力流动存在着制度障碍。

在刘易斯模型中，城市内部的产业工人没有类似于户籍这样的身份差异，无论他是城市的原有居民还是来自农村的新移民，拿的都是产业工人的工资。根据这一模型，在出现"刘易斯拐点"之前，城市工业部门的工资是几乎不变的，工业的剩余都成了资本拥有者的利润。然而，长时间以来在中国所发生的事实则是，在城市劳动力市场上，相比于本地城镇户籍劳动力，不拥有本地城镇户籍的劳动力工资收入更低，更难进入相对较高收入的行业和职业。此外，由于公共服务的获得与户籍身份挂钩，社会保障体制仍然存在城乡间和地区之间的分割，劳动力流动面临着额外的制度成本。因此，我们需要一个存在劳动力流动障碍的二元经济模型，来理解中国城乡二元经济的发展。

相对于劳动力自由流动的状态，在一个存在劳动力流动的制度成本的二元经济模型中，能够理解以下三个中国经济长期存在的现象。

第一，劳动力流动规模和城市化水平被压低。尽管中国的城乡间和地区间劳动力流动规模非常巨大，但如果不是因为制度性的障碍，其中有相当大一部分居民应该早就转化为居住和工作地的户籍人口，而不是"非本地户籍的常住人口"。中国的城市化水平相对于其他相近发展水平的国家而言，城市化率（城镇常住人口占总人口的比重）较低。这种大量城镇常住人口仍然是"农民身份"的现象也常被冠以"半城市化"和"伪城市化"的称谓。

第二，城市化水平远远落后于工业化水平。在刘易斯模型中，工业化和城市化是同步的，城市的工业部门持续地进行人力资本积累，工业化水平不断提高，同时，这一过程带来持续增长的劳动力需求，吸引农村劳动力转入城市，城市化水平不断提高。但在中国，工业和服务业的 GDP 长期处于 90％左右，远远高于人口的城市化率。

第三，城乡间和地区间的收入和福利差距巨大。一方面，由于存在劳动力流动的制度障碍，城乡间劳动力流动规模被压低了，于是，农村劳动力的边际生产力和人均收入也被压低了。另一方面，在城市里，与城镇户籍相挂钩的各种公共服务和福利（如教育、最低生活保障和廉租房）相当于给城市户籍人口额外增加了一块实际收入。

在上述背景下，中国城乡间的人均收入差距长期维持在 3 倍左右，如果将公共服务和福利包括在内，则实际收入差距更大。由于中国不同地区的城市化水平差异巨大，因此，在城乡间收入差距巨大的情况下，农村人口比例较高的地区的人均收入水平也被相应"压低"了。

城乡间的劳动力流动障碍会造成城市部门的劳动力供给不足,特别是低技能劳动力相对供给不足,相应地,城市化进程和经济增长速度也被压低。同时,由于现有制度拉开了城市外来人口与城市原居民之间的福利差距,也将导致社会不和谐。因此,在制度上逐步降低对于劳动力流动所形成的障碍,既有利于推进城市化和经济发展,同时也有利于消除城市内部的"新二元结构",从而有利于社会和谐。

第四节 劳动经济学下的区域间劳动力流动

中国是一个幅员辽阔的大国,劳动力资源在空间上的分布是理解中国劳动力市场的重要视角。在全世界范围内,已经有超过一半的人口居住在城市,因此,城市劳动力市场的运作是理解劳动力市场的新的视角,也催生了城市劳动经济学这样一个新兴学科。同时,对于城市发展感兴趣的人们来说,城市劳动力市场的运作机制是揭开城市发展的秘密的关键。

一、规模经济效应与人力资本外部性

(一)规模经济效应

一个城市要发展经济,除了优越的地理环境,还有三个不可或缺的规模经济效应。

第一,分享。依托更丰富的物质条件和人力资源,城市可以将投入品供给许多生产不同产品的企业,扩大企业的生产规模,降低生产成本,同时通过分享可以获取不同客户的需求,生产更贴合市场需求的产品,提高生产效益。

第二,匹配。城市拥有更广阔的市场,市场内的各大生产要素可以进行匹配,企业从中选取更有发展前景的产品,且为企业寻找更优质的劳动力,从而提高企业的生产效益;而在市场广阔的地方会吸引更多企业入驻,也能为劳动力提供更广阔的就业市场。

第三，学习。在广阔的生产市场中，容纳了许多的企业和劳动力，可以方便不同行业、从事不同工作的企业和职工进行交流，提高生产效益。

由于存在规模经济效应，在人口密度较大的城市（尤其是在大城市）及其周围，生产者和消费者集聚在一起，运输货物、人和知识的成本都下降了。

（二）人力资本外部性

在现代经济发展中，城市扮演了极其重要的角色，大学以上受教育程度的人在城市集聚，并且相互分工协作，在社会互补中相互学习，均极为有利于促进劳动生产率的提高。于是，经济学家就发展出了人力资本外部性这个概念，来刻画城市生活中人们的知识传播和相互学习过程。

人力资本外部性这一概念是指人们在社会活动中提高自身的教育知识水平不仅有利于提高个人收入，还可以在社会交往的过程中与他人分享知识，促进知识的交流与传播，在提高自身教育知识水平的同时也能使周遭的人获益，最终使整个社会获得效益，如社会的整体教育知识水平提高、犯罪率下降、社会和谐发展、居民生活水平提高等。当人力资本外部性形成极大的效益时，会吸引人力资源由农村向城市转移，或从教育知识水平低的人力资源向教育水平高的地区转移，以提高职工的个体收入。

需要特别指出的是，由于存在人力资本的外部性，传统的教育的私人回报就被高估了，因为其中包含了教育的社会回报。而且，很容易想到，如果仅仅看私人的教育回报，那么，人力资本外部性越大的地方，用传统方法估计出来的私人的教育回报就越高。城市的教育回报显著高于农村的教育回报，在城市层面，那些受教育程度更高的大城市有着更高的教育回报，高等教育回报率呈现出类似的态势。

由此可知，受教育程度越高可以给个人带来更高的收入。城市的人口数量与获得的教育回报成正比，一个城市的人口规模越大，就越能获得更高的教育回报，城市的教育回报还与每年的毕业大学生数量有关，总体上成正比，毕业大学生数量越多，城市的教育汇报就越高。

二、经济活动与人口空间集聚

经济活动与人口空间集聚现象是不同地区按照自己的比较优势进行分工所致，有些地方具有相对较好的发展工业与服务业的条件，比如，接近港口，物流成本较低。又比如，有些城市群自身构成了大市场，因此会吸引更多的企业集聚在附近，同样因为接近大市场而节省了物流成本。而另一些地方的比较优势是发展农业、旅游、自然资源等产业，这些产业的产出受到了某种数量有限且不能移动的投入品的限制（如土地、风景和自然资源），因此，其就业创造能力有限。在经济发展的过程中，有发展工业和服务业的比较优势的地方将成为人口流入地，这些地方在人口流入的过程中产生更强的规模经济，有利于提高人均GDP；而在适宜发展农业、旅游和自然资源产业的地方则可能成为人口流出地，当这些地区的总产出增长受到局限的时候，人口的流出反而有利于提高人均产出。在全国范围内人口的跨地区流动，恰恰是劳动力资源进行跨地区再配置的过程，有利于经济效率的提高和可持续的经济增长。

在人口自由流动，且不同城市形成自己的比较优势产业，相互之间有效分工，协调发展的条件下，大城市和中小城市之间将形成一个相互关联的城市体系。城市的类型、等级可以有所不同，不同规模的城市分工于不同的产业。大城市更多集中了现代服务业，而中小城市则相对更多地发展占地更多的制造业，并服务于周围的农业。在区域经济学中，中心—外围模型刻画城市体系的形成机制，空间经济分为集聚大量经济活动的中心区和经济总量相对较少的外围区。

城市的最优人口规模与城市的功能和产业结构有关，一个地方的产业结构越是以农业为主，其附近的城市规模越小；相反，以制造业和服务业为主的地方，其城市人口规模就比较大，因为制造业和服务业有较强的规模经济效应。与制造业相比，服务业的产品更不具有可储藏性和可运输性，往往服务的生产和消费是同时进行的，因此，服务业的发展更依赖于本地市场。一个城市的服务业比重越高，则其城市规模更大。同样是因为这样的道理，在经济发展的过程中，伴随着服务业比重的提高，会出现两个现象：一方面，这个国家的大城市的产业结构越来越向服务业主导的方向发展，人口越来越多；另一方面，在整个国家服务业占GDP比重持续提高的过程中，人口仍然在向大城市集聚，即使是在城市化进程已经基本结束的发达国家，人口向大城市集聚的过程仍然在继续。

三、我国的区域间劳动力流动

改革开放之后，中国经济逐渐融入全球市场当中。廉价劳动力带来的比较优势促使中国发展劳动力密集型产业，特别是出口加工产业。由于东南沿海地区具备运输便捷等优势，外国资本进入中国后，大多布局在东南沿海地区。同时，东南沿海的民营经济也积极融入全球市场中去，发展起了规模庞大的出口导向的制造业。这两股力量给该地区带来了大量就业机会，吸引劳动力从乡镇转向城市，从内陆转向沿海。中国的人力资本在东南沿海地区迅速累积，在空间上出现了新的分布格局。与此同时，城市化和经济发展进程使得城市（特别是大城市）对于提升人力资本回报的作用越来越重要，使得教育成为影响劳动力流入的主因之一，高技能劳动者在城市（特别是大城市）集聚成为一种趋势，而这又进一步产生了对于服务业的需求，进一步促进了劳动力的跨地区流动。

第一，劳动力向东南沿海地区集聚。转移劳动力主要呈现出一种向东部地区聚集的状况，劳动力流出最多的省份来自中西部地区，主要有安徽、江西、河南、湖北、湖南、广西、四川等省份，安徽、湖南、四川在过去的几十年中，人口流入呈现出相对集中的态势，大多流入了东南沿海区域，特别是长三角和珠三角区域。在20世纪80年代，流入传统工业地区和东北老工业基地的人口占流入人口的38.4%。20世纪90年代之后，东南沿海地区吸收了越来越多的外来人口，流向东北老工业基地的人口持续下降，而东北已经转变成为人口净流出省份。

第二，教育促进劳动力从农村向城市转移。在城市工作，尤其是在城市的工业和服务业工作的职工，获得的教育回报远比在农村工作获得的教育回报多得多，因此，教育成为推动劳动力由农村向城市转移的重要因素。由于城市对优质人才的需求，所以，受教育程度较高的劳动力可以在城市获得更高的收入。

第三，高技能劳动者向教育水平更高的城市集聚。经济收入和就业机会是吸收劳动力流入的一个主要原因，获取公共服务也是吸引劳动力流入的因素。更高收入和更多的就业机会，以及更好的基础教育和医疗服务的地区都会吸引劳动力流入。但是，公共服务影响劳动力流向的作用效果小于工资、就业对劳动力流向的影响。因此，即使公共服务均等化政策能够促使人口的空间分布适度分散，仍然无法改变劳动力向大城市集聚的趋势。高技能劳动者向教育水平更高的城市集聚是这些城市规模扩张的原动力。由于人力资本存在外部性，一个城市的平均受教育程度越高，劳动者获得的学习机会就越多，其劳动生产率和工资的增长就越快。平均教育水平更高的城市吸引了更多高技能劳动力的流入，或者说，初始大学生比例更高的城市，在未来大学生比例会增长更快。

第四章　人力资源管理发展及其体系构建

第一节　人力资源与人力资源管理

一、人力资源

人力资源是指一个国家或地区中的人所具有的对价值创造起贡献作用并且能够被组织利用的体力和脑力劳动的总和。

(一) 人力资源的主要特征

当代经济学家把资源分为四类，即自然资源，资本资源，信息资源，人力资源。人力资源是这些资源中最重要的资源，是生产活动中活跃的因素，被经济学家称为第一资源。与其他资源相比，人力资源具有如下主要特征。

(1) 时效性。所谓时效性是指物质形态在一定时间上的效用。在自然界中有些物质如各种矿产资源不具有时效性而有常效性，无论什么时间和经历多长时间都保持着自身效用；而有些物质资源则有时效性，超过其生命过程的一定阶段就失去效用，一旦错过了它的时效性，往往就无法补救，除非开始另外一个生命过程或者生命周期。

(2) 社会性。这一特点决定了在人力资源的使用过程中需要考虑工作环境、工伤风险、时间弹性等非经济和非货币因素。自然资源只有自然性，而人力资源除具有自然性之外，更重要的是它的社会属性。这是人力资源区别于自然资源的根本之处。

（3）连续性。人力资源不仅存在时效性，同时还有连续性，两者是密切联系的。人力资源的连续性，首先表现为知识的不断积累过程，虽然每一个人所掌握的知识会随着社会和技术的变化而被淘汰，但新的科学技术成果的出现及个人能力的提高均是建立在以前知识的积累之上的，没有以前知识的积累，整个人类社会就无法获得真正的发展。每一个人均需不断地学习一时刻跟上时代的变化，才能提升自身的素质和能力。其次，从作为人力资源的内容即体力和脑力的发展过程来看，既有阶段性，又有连续性。许多知识和技术，特别是应用性的知识和技术只有阶段性的时效，超过一定阶段就会老化，但各学科和各阶层知识和技术又是互相联系的，在它们之间总存在某些共同的基础性的东西。正因为各个学科之间的相互联系性才使得人力资源管理更好地发展。从作为人力资源的载体，即人的生理和心理过程来看，人力资源时效性的最高峰是青壮年期，但应该看到许多人少年得志，由于不断地学习，注重了自身能力的不断开发，在其高峰期以后还可能延续相当长的高峰时期，甚至还可能出现第二个高峰期，如居里夫人、齐白石等。因此，在人力资源管理过程中，每一个组织都要注重人力资源水平的培训和持续开发工作。对于每一个人而言，一定要遵循"活到老，学到老"的古训。

（4）可再生性。自然资源和物质资源一旦灭绝或耗尽，就不可能再生。但人力资源是以人身为天然的载体，是一种"活"的资源，并与人的自然生理特征相联系，却是可再生的。人力资源的再生性是指人口的再生产和劳动力的再生产，社会通过人口总体和劳动力总体内各个个体的不断更换、更新和恢复的过程，实现人口的再生产和劳动力的再生产。

（5）主导性和能动性。任何组织作为一个由人、财、物组成的有机系统，其组织的第一资源都是人。只有人合理地支配其他资源，才能使得组织科学合理地存在和发展。人类不同于自然界其他生物，人类活动在于其具有目的性、主观能动性和社会意识。人类不仅能适应环境，而且能积极地改造环境；不仅能适应历史，而且能创造历史。人类的这种能力使他同动物彻底地区别开来。

（6）有限性和无限性。人力资源就其具体形式，具体表现于对某个人、某群人或者某一代人来说，同自然资源一样也是有限的，但有限之中包含着无限，人力资源是有限和无限的统一。任何个体和群体的人力资源都是有限的,它的开发和使用是有条件的。从人的个体而言,每个人的生命过程都是有限的,但在他生命完结之时,人力资源特别是智力资源开发和使用的过程是不会停止的。从人类时代延续的过程来看,每一代人所拥有的智力资源都是有限的,但人类一代又一代的延续过程是无限的,而每一代人都把他们的知识和技术,以及其他认识成果传输给下一代,世世代代的相传相承,形成一条永无止境的知识长河。

(二)人力资源的相关概念

(1)人才资源。人才资源是指一个国家或地区中具有较多科学知识、较强劳动技能,在价值创造过程中起关键或重要作用的那部分人的总称,主要用来指代人力资源中比较优秀的、杰出的那一部分。人才资源是人力资源的一部分,尤其是人力资源中比较优质的那部分资源。它们之间的区别主要是由质量决定的。

(2)劳动力资源。劳动力资源是指一个国家或地区,在一定的时期内,拥有的劳动力的数量和质量的总和所构成的总的劳动适龄人口。在判断一个国家的劳动力资源的大小上,不仅要看其总的数量,更要看其质量,尤其是劳动者的生产技术水平、文化科学水平和健康水平。根据我国劳动就业制度规定,男的年满18岁到60岁,女的年满18岁到55岁,都可被列为劳动力资源。

(3)人口资源。人口资源是指一个国家或地区所拥有的人口的总量,它是一切人力资源、人才资源产生的基础,是人力资源和人才资源存在的依据和基石,它主要表现为人口的数量,重在数量。人力资源是人口资源的一部分,二者之间的区别主要是由划分标准不同而产生的。人口资源重在数量,人力资源重在质量。

(4)人力资本。人力资本是就物质资本而言的。人力资本是通过人力资本投资形成的、寄寓在劳动者身上并能够为其使用者带来持久性收入来源的劳动能力,是以一定的劳动者的数量和质量为表现形式的非物质资本。一般情况下,劳动者的知识、技能,以及体力(健康状况)等都是人力资本的构成部分。

二、人力资源管理

(一)人力资源管理的内涵

人力资源管理作为管理学中重要的组成部分之一,也是企业管理职能活动之一，主要指对人力这一资源进行有效开发、合理利用和科学管理的活动的总称。从管理的范围来讲，人力资源管理可分为宏观和微观两个层次。

宏观的人力资源管理是指一个国家或地区的人力资源的管理工作，以及一个国家的人力资源的形成、开发和利用的管理，一国政府通过建立一系列制度、政策和具体的措施促进人力资源的形成，为人力资源的开发和利用提供条件，从而促进人力资源管理理论与实践新探索整个社会快速、稳定地发展。

微观的人力资源管理则是一个组织对其所拥有的人力资源进行的具体管理工作。这里的组织一般是指企业或事业单位。通常所提到的人力资源管理主要是指微观的人力资源管理。

人力资源管理的定义可表述为：一个组织为了实现其既定的组织目标，运用心理学、自然科学、社会学、管理学等相关知识，以及原理、方法、措施和手段，对人力资源进行规划、选择、培训、开发、考核和激励的计划、组织、领导和控制等一系列活动的总称。

人力资源管理从开发的角度看，既包括人的智力、体力的现有能力的充分发挥，又包括对人力潜在能力的有效挖掘；从利用的角度来看，它包括对人力的发现、鉴别、甄选、分配和合理利用的过程；从管理的角度看，它既包括人力资源的预测与规划，也包括人力的组织和培训。

（二）人力资源管理的内容

（1）制定规划。人力资源管理首先要制定一份人力资源规划，根据企业当前阶段的需求预估后期要招收的人力资源需求，制定合理的规划，在制定规划时，要确保与企业的目标和需求相一致，同时要确保与人力资源管理活动相一致，确保各方面工作能够协调有序进行。在制定人力资源规划时还需要注意遵循道德和法律准则，做到公平公正。

（2）制订人员招聘计划。在进行人力资源管理时要对企业现有职工的数量和质量进行统计，根据企业现有人员情况制订人员招聘计划，现有职工超过企业所需时要进行裁员规划，现有职工不足企业所需时则需制订人员招聘计划。

（3）设计职务、分配工作。人力资源管理要根据企业的不同工作内容划分不同职务，在根据企业工作内容为不同职务分配具体的工作，制定工作要求，保证企业各项工作有序进行，也能根据职务和工作内容找到更加优质的职工。

（4）人员吸收。包括招募和甄选两部分：招募是指通过各种途径发布招聘信息，将应聘者吸引过来；甄选是指从应聘者中挑选出符合要求的人选。当人力资源规划表明有新的员工需求时，组织就需要启动招募和甄选程序以找到合格的劳动者，弥补职位的空缺。

（5）员工培训。企业必须为员工进行专业的培训，培训课程要明确培训的目的，根据培训目的制定培训内容，同时要注意培训结果的反馈。对员工进行专业的培训，可以使员工尽快适应工作内容，了解企业文化，同时提高员工的工作能力。

（6）绩效反馈。企业在确立企业未来规划与发展目标之后，要根据企业规划为员工的工作制定标准，根据工作标准对员工进行绩效考核，并制定对应的奖惩制度，以此鼓励员工优化工作内容，提高工作效率。

（7）制定薪酬和福利待遇。企业必须明确制定员工的薪酬标准及福利待遇等内容，与员工达成协议，避免因待遇问题与员工发生冲突。

（8）为员工安全提供保障。员工是企业正常运行的重要保障，企业必须为员工的安全和健康提供稳定的保障，如加强安全措施防护工作，减少安全事故的发生，为员工提供一个安全稳定的工作环境，确保员工有序工作。

（9）协调劳企关系。企业必须和员工签订合作协议，在协议上对双方承担的责任和义务进行明确规定，协商好员工的待遇和薪资问题。

（三）人力资源管理的活动

1. 活动的内容

人力资源管理的主要活动是指组织中人力资源管理人员所从事的具体工作环节，主要包括以下内容。

（1）人力资源战略规划。人力资源战略规划是企业人力资源管理的重要内容，规划包括企业的发展规划、战略目标、企业人力资源状况、企业人力资源需求评估，明确企业需求，才能根据需求在人力资源管理中实现企业供需的平衡。

（2）工作分配和职务划分。人力资源管理需要对企业的工作内容进行总结分配，再根据企业的发展规划以及不同的工作内容划分职务，明确不同职务的工作内容和工作标准，编写岗位说明书和岗位规范，有助于企业吸引和留住合格的员工。

（3）招聘管理。根据人力资源规划和工作分析的要求，为企业招募、甄选与配置人力资源。将合适的人放到合适的位置上，做到人尽其才、物尽其用。

（4）培训与开发。培训与开发的目的是开发人的潜能，提高人的素质。企业通过对新员工和在职员工进行培训和开发，提升其智力，激发其活力，开发其潜能，增强企业的核心竞争力。

（5）职业生涯管理。关心员工的个人发展，帮助员工制定职业生涯发展规划，建立职业发展通道，进一步激发员工积极性，这是现代人力资源管理者必须具备的基本能力。

（6）绩效管理。绩效管理是一种根据设定的目标评价员工业绩的方法。通过考核员工工作绩效，及时做出信息反馈，奖优罚劣，进一步提高和改善员工的工作绩效。

（7）薪酬与福利管理。根据企业发展目标要求，依据员工工作绩效的大小和优劣，设计对内具有公平性、对外具有竞争力的薪酬体系，采用不同的激励手段，调动员工的工作积极性、主动性和创造性。

（8）劳动关系管理。包括劳动合同签订、劳动纠纷处理、劳动保护、平等就业和公平对待、员工安全与健康等。加强劳动关系管理、协调员工与企业之间的关系在人力资源管理中居于核心地位。

2. 活动的关系

人力资源管理系统是由人力资源管理活动过程中的一个个紧密相连的管理环节构成的，既体现了实现人力资源管理目标的主要方式，又体现了人力资源管理的主要内容。企业人力资源管理的各项活动相互联系、相互影响，从而构成一个有机系统，如图4-1所示。

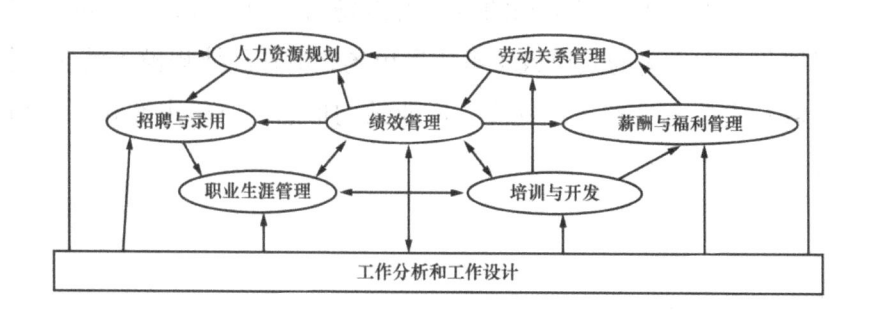

图4-1 组织人力资源管理各项活动之间的关系图

（四）人力资源管理者的技能要求

人力资源管理角色的演变对人力资源管理者，特别是对企业的高层人力资源管理者提出了更高的要求，要求他们成为"人员方面的专家"，成为企业战略管理过程的伙伴。人力资源管理者既要了解专业知识，进行人力资源战略规划和操作人力资源管理具体工作，又要学会沟通，把人力资源的产品和服务推销给各层管理者及员工。人力资源管理的专业人员应该具有五种基本技能：较强的交际能力、敏锐的观察能力、良好的协调能力、果断的决策能力和综合分析能力。而战略性高层人力资源管理者的技能要求应包括以下方面内容。

（1）专业技术知识。高层人力资源管理者应当成为企业人力资源管理的权威与专家。为此，需要不断学习先进的人力资源管理理论与技能，学习人力资源管理活动的新方法和新技术，如甄选技术、360度测评及期权激励方法等，并结合企业自身情况，实施科学的、能给企业带来效益的人力资源管理方法。

（2）管理变革能力。管理变革能力是指促使变革发生的能力，如建立关系、管理数据、领导与影响等，以及理解变革的能力，如革新精神与创新性。企业的变革，即使是微小的变革都会带来组织在结果、工作流程、人员分工等方面的变化。变革所产生的新的制度和方法往往会造成员工困惑、冲突、抵触等情况。人力资源管理者

（4）流入地的环境质量和气象状况。流入地环境质量优良、气象状况好将促进劳动力的流入。劳动力流动不单受个人因素影响，劳动力市场总体因素亦是一个重要角色。因此，若从劳动力市场总体因素来考虑，劳动力市场能否留住本市场的工人或吸引别的劳动力市场的人力资源，重要的决定因素也包括诸如劳动力市场的人口数（可代表市场之潜在经济规模）、就业成长率、失业人口数及失业率、都市化程度、产业结构形态、所得水准和环境品质等众多因素。

第二节　人力资源管理的产生与发展趋势

一、国际人力资源管理的产生和发展

国际人力资源管理的演变，可以依照不同的时期和所依据的管理理论划分为以下发展阶段。

（一）经验管理阶段

经验管理阶段是人力资源管理思想的萌芽阶段，这一阶段处于工业革命时代。随着工业革命在欧洲的兴起，作为人力资源管理活动基础的工厂制度应运而生。它将一无所有的劳动力与工厂主和生产资料结合起来，使生产力迅速扩张。这一时期的劳工管理包括工人雇佣、岗位调动、业绩考核、激励性的工资制度设定、纠纷处理与解雇工人等方面。这些管理思想基本上都以经验为主，缺乏严格的规章制度，以人治为主，注重对人的培养与能力开发，通常采用师傅带徒弟的方式，并没有形成科学的理论，但形成了人力资源管理的雏形。

（二）科学管理阶段

科学管理阶段是人事管理的初创阶段。19世纪末至20世纪上半叶，为了缓和激烈的劳资冲突，在工厂组织中较好地处理工人问题，诞生了科学管理运动与改善工作福利运动。人事管理源于科学管理运动和工作福利运动的融合。人力资源管理的指导思想是"经济人"的人性观。"人力资源管理"在这一时期表现为"雇佣管理"，主张正确处理劳资关系，是以录用、安置、调配、退职和教育培训为中心的劳动力管理，出现了专门的人事管理部门，主要功能是招聘录用、雇佣工人、协调人力和调配人员；通过工作分析，实现劳动方法标准化，制定劳动定额，推行计件工资制。所有这些都标志着人力资源管理制度的初步建立。

（三）人际关系管理阶段

人际关系管理阶段是人事管理的反省阶段。20世纪初到20世纪中叶，人事管理的重点是改善员工关系。20世纪中叶，重点转移到协调企业管理者与工人的人际关系。从1924年开始到1932年结束的霍桑实验引发了人们对科学管理思想的反思,将员工视为"经济人"的假设受到了现实的挑战。霍桑实验发现了人际关系在提高劳动生产率中的重要性,揭示了对人性的尊重、对人的需要的满足、人与人相互作用,以及归属意识等对工作绩效的影响。改善企业内部的人际关系,满足工人作为"社会人"的需要,会显著提高工人的生产率。人际关系理论开创了管理中重视人的因素的时代,是西方管理思想发展史上的一个里程碑,揭开了人力资源管理发展的新阶段。此后,设置专门的培训主管、强调对员工的关心和理解、增强员工和管理者之间的沟通等人事管理的新方法被很多企业采用,人事管理人员负责设计和实施这些方案,人事管理的职能被极大地丰富了。

(四)行为科学管理阶段

行为科学管理阶段是人事管理的发展阶段。1950—1970年,企业人事管理的重点在于协调员工关系。20世纪中叶到20世纪70年代,企业人事管理的功能由于人际关系运动的推动受到了人们的重视,人们意识到人事管理的功能是管理活动的基本功能之一,它具有有效指导员工的行为、协调企业人际关系的重要作用。企业内部各项具体的人事管理工作,例如,员工招聘、员工调动、工作评估等,都有了明确定义和具体内容。从人际关系时代到行为科学时代,人事管理的特点是:第一,从监督制裁到人性激发;第二,从消极惩罚到积极激励;第三,从专制领导到民主领导;第四,从唯我独尊到意见沟通;第五,从权力控制到感情投资,并努力寻求人与工作的配合。

(五)权变管理阶段

权变管理阶段是传统人事管理向现代人力资源管理转变的阶段。自20世纪70年代中叶,企业的经营环境发生了巨大的变化,各种不确定性因素增加,权变管理理论应运而生,强调管理的方法和技术要随企业内外环境的变化而变化,应当综合运用各种管理理论。人力资源管理也强调针对不同情况采取不同的管理方式,实施不同的管理措施。20世纪70年代,人事管理发生质的变化,具体表现在:第一,人性基本假定由 X 理论转向 Y 理论,"以人为本"的人本管理思潮出现;第二,组织高层经理亲自过问有关人的管理工作;第三,对人事管理人员的素质、能力等要求提高;第四,对人力资源管理工作的投资增加；第五，重视管理者培训，人的管理培训是重点首选内容；第六，人力资源管理被提高到组织战略的角度考虑；第七，出现了对人力资源会计理论与实践的探索。

（六）战略管理阶段

在战略管理阶段，人力资源管理进入战略管理时代，确立了人力资源管理在企业中的战略性地位。从战略的角度思考人力资源管理问题，并将其纳入企业战略的范畴已成为人力资源管理的主要特点和发展趋势。战略性人力资源管理特征是：第一，人力资源管理部门能够直接参与组织的战略决策，重视决策的制定和选择过程，注重人力资源战略与组织整体战略，以及职能战略之间的统一和协调，在组织的发展与变革中起着关键的协同作用；第二，组织结构具有较强的灵活性，在时间上注重较长时期内的变化和规划；第三，管理的对象和行为不仅包括传统人事管理中的普通员工，而且包括企业的各级管理者和各类专家；第四，重视外部环境对人力资源政策和措施的影响。

二、中国人力资源管理的产生和发展

（一）计划经济体制下的人事档案管理阶段

1949—1977年，是计划经济体制下的人事档案管理阶段。在这一阶段，我国实行中央集权、高度集中统一的计划经济体制，与之相适应建立了以计划为核心、以行政管理为手段的企业人事行政管理的制度和模式。国有企业人事管理制度的特点是：企业用工实行"统包统配"的调配制度，企业没有用人自主权；员工只进不出，实行终身录用制；没有建立员工工作考核制度；国家统一工资标准，实行平均主义；人事管理部门的工作是一些事务性工作，如员工人事档案管理、招工录用、考勤、职称评定、离职退休、计发工资等，即简单的人事档案管理和资料统计工作。

（二）传统人事管理改革与创新阶段

20世纪70年代末至20世纪90年代中期，是传统人事管理改革与创新阶段。在这一阶段，随着我国经济体制逐渐从计划经济向市场经济过渡，传统的人事管理也发生了改变。国家允许企业在招工方法等政策措施上灵活变动。20世纪80年代中后期，我国企业人事管理进入创新改造阶段。具体表现为：

推进企业自主用工,采用劳动合同制,改革工资、福利、劳动就业等,但仍未突破国家对企业放权让利的狭窄圈子。20世纪90年代中后期,我国企业传统人事管理制度进入全面改革阶段。如开始建立现代企业制度,建立多层次的社会保障制度,实行全员劳动合同制等,传统的人事管理制度的内容和框架被摒弃和破除,与市场经济体制相对接的新型人事管理制度框架和内容开始建立。

(三)现代人力资源管理建立和发展阶段

20世纪90年代末至今,是现代人力资源管理建立和发展阶段。20世纪90年代初,随着西方人力资源管理理论的引进和大量外资企业的涌入,其优越的管理模式和人力资源竞争优势促使我国企业开始反思和改革人事管理制度。同时,随着市场经济体制的逐渐形成,我国企业人事管理制度改革全面深化,伴随着企业改制、股份制改造、企业重组及抓大放小等改革,企业人事管理制度在体制、机制、结构等方面进行全方位的彻底改革。与市场经济相适应,按照市场经济管理模式构建的新型人事管理制度已在企业内开始运行。与此同时,我国一些企业的人事管理工作也开始从传统人事管理层次向现代人力资源管理层面提升。

20世纪90年代中后期,有关人力资源管理理论和经验的教育、宣传和普及活动蓬勃发展,有关人力资源管理的研究论文、书籍、教材,以及培训等层出不穷,企业界和学术界关注和推动人力资源管理的热情空前高涨,我国的人力资源管理研究和企业实践取得了重要突破。进入21世纪以后,我国企业人力资源管理进入结合中国国情,从企业实际出发,理论探讨与实践摸索相结合的稳步发展阶段,开始注重人力资源管理制度和体系的建设,出现了理念、技术和经验齐头并进的发展局面。

三、现代人力资源管理与传统人事管理的主要区别

传统的人事管理是以人与事的关系为核心,以组织、协调、控制、监督人与事的关系为职责,以谋求人与事相宜为目标的一种管理活动。现代人力资源管理是以人为中心的战略性管理,与传统的人事管理有着明显的区别,两者之间的主要区别如表4-1所示。

表4-1 现代人力资源管理与传统人事管理的主要区别

比较项目	现代人力资源管理	传统人事管理
管理视角	视员工为第一资源、资产	视员工为负担、成本
管理目的	组织和员工目标的共同实现	组织短期目标的实现
管理内容	以人为中心,工作重点为激发活力、开发潜能	以事为中心,简单的事务性工作
管理形式	动态的、全过程的、系统化管理	静态的、孤立的、分割式管理
管理方式	人本化管理,强调民主、参与	命令式、控制式,制度控制和物质刺激
管理策略	更注重长远目标,战术性与战略性相结合的管理	侧重近期目标,战术性管理
管理技术	追求科学性、艺术性	照章办事、机械呆板
管理体制	主动开发型,强调加强事前管理	被动反应型,多为事中或事后管理
管理手段	采用新技术,如计算机软件系统	手段单一,以人工为主
管理层次	战略决策层	操作执行层
部门定位	生产效益部门	单纯的成本中心,非生产效益部门
管理活动	重视培训,将开发潜能放在首位	重使用,轻开发
管理深度	劳资双方	员工

四、现代人力资源管理的发展趋势

21世纪,人类进入知识经济时代。人力资源与知识资本优势的独特性成为企业重要的核心技能,人力资源的价值成为衡量企业整体核心竞争力的标志。人力资源管理面临各种力量的冲击和挑战,人力资源管理呈现新的发展趋势。

(一)更注重知识型员工的管理

在知识经济时代,企业的核心竞争力是人才,而人才的核心是知识创新者与企业家。人力资源管理面临新三角:知识型员工、知识工作设计、知识工作系统。随着科技的进步与社会经济的发展,在主要发达国家,劳动和产业结构日益向"知识密集型"转化,知识型员工所占比重越来越大。人力资源管理要关注知识型员工的特点,其重点是如何开发一个与知识型员工管理相互匹配的人力资源管理体系。

(二)战略地位将被进一步提升

人力资源管理部门已成为促使企业成功的关键部门,这种现象在21世纪有继续发展的趋势。在未来的发展中，企业的人力资源管理应当和企业的整个发展战略密切联系起来。人力资源管理部门的地位不仅是企业的"战略伙伴"，而且将被提升到企业发展的"战略先导"地位。人力资源管理部门扮演着经营者、支援者、监督者、创新者、适应者5个角色。人力资源管理部门逐渐成为能够创造价值并且维持企业核心竞争力的战略性部门。人力资源部门的工作重点：一是为企业发展战略的制定和实施出谋划策、制定方案；二是创建企业文化。

（三）全球化、信息化、虚拟化

（1）全球化。人力资源管理的全球化主要表现在人力资源管理战略的全球化、人力资源管理者全球化和全球化企业文化建设三个方面。

（2）信息化。人力资源管理信息化是指基于计算机技术的发展和已开发的软件所提供的平台，借助互联网络及其资源实现对企业员工的管理。信息化的人力资源开发与管理的优势是：提高了人力资源管理的质量和效率；降低了企业人力资源管理的成本；使人力资源管理全球化得以实现。

（3）虚拟化。随着信息技术的发展和专业化分工的日益完善，人力资源管理部门的各项业务存在虚拟化管理的趋势。一些公司已逐渐将相对固化和趋同性较强的人力资源管理职能外包给专营公司或专业咨询公司，以集中企业优势资源发展核心竞争力。人力资源外包是指将组织的人力资源管理活动委托给组织外的公司承担，其内容主要包括招聘、培训、薪酬和福利等方面的方案设计以及具体实施。人力资源管理外包的原因是组织内部投资结构和工作量经常变化。

（四）专业化、柔性化、扁平化

（1）专业化。人力资源管理专业化是指高度专业化的职能专员负责人力资源管理的主要环节。在西方发达国家规模较大的组织机构中，分别有负责定岗、招聘、薪酬、培训、劳资关系等方面的人力资源开发与管理专员，分工的专门与细致程度一般与组织规模成正比。负责不同业务的专员需要不同的知识和技能，其知识水平的高低和经验的多寡决定了各项人力资源管理工作质量的优劣。

（2）柔性化。人力资源管理的柔性化也就是在人力资源管理的过程中要体现出"和谐、融洽、协作、灵活、敏捷、韧性"等柔性特征。人力资源的柔性管理是在尊重人的人格独立与个人尊严的前提下，在增强广大员工对企业的向心力、凝聚力与归属感的基础上，所实行的分权化管理。

（3）扁平化。进入20世纪90年代，精简中层，使组织扁平化成为一种潮流。人事协调复杂化是由办公分散化等引起的，互联网使分散化办公成为可能。但分散化办公会增加人力资源开发与管理的难度，这无疑是对人力资源开发与管理者的一种挑战。

（五）更注重企业文化、价值观念与道德修养

随着经济全球化和人力资源流动趋向国际化，组织内民族和种族不同的员工一起工作已司空见惯。所有这些都会形成组织内文化的多元性，导致不同价值观的冲突与对立。但是，知识型管理和全球网络化经营需要不同文化、不同价值观的整合与共享。人力资源管理部门必须主动协调这些因不同文化、不同价值观引起的冲突，使来自各个国家或地区、各个民族的员工愉快相处、共同努力，以实现组织目标。人力资源管理的任务就是正确地揭示企业价值的内涵并有力促成其传播，尊重员工个人价值并有效整合组织伦理价值。随着人力资源管理面临的问题在数量和复杂性方面的增加，在实际工作中，道德规范方面的压力和挑战也随之增加。道德规范方面引起的根本问题是有关公平、公正、诚实和社会责任等问题。如何解决人力资源管理中的道德问题，已经成为人力资源管理必须研究的一个重要领域。

第三节 人力资源管理理论基础与模式

一、人力资源管理的理论基础

人是企业最宝贵的资源，对人力资源的认识和管理既是企业管理实践的首要问题，也是各管理学派研究和争论的焦点。对人力资源的不同认识，形成了不同管理理论和管理模式。人力资源管理理论包括人性假设理论、弗雷德里克·温斯洛·泰勒（Frederick Winslow Taylor）的科学管理理论、行为科

学理论、人力资本理论和人本管理理论等。本书主要介绍后两种人力资源管理理论。

（一）人力资本理论

人力资本理论认为：人力资本与物质资本是资本的两种形式。所谓人力资本，就是体现在劳动者身上的、以劳动者的知识与技能或者质量表现出来的资本。人力资本理论的主要内容包括：

（1）人力资源是一切资源中最主要的资源，人力资本理论是经济学的核心问题。

（2）人力资本的积累是社会经济增长的源泉。

（3）教育投资是人力资本最重要的组成部分。人力资本投资的内容或范围包括医疗和保健、在职培训、学校教育、社会培训和人力资源迁移支出5个方面。

（4）国家摆脱贫困状况的关键是从事人力资本投资，提高人口质量。

（5）教育投资应以市场供求关系为依据，以人力价格的浮动为衡量符号。

（二）人本管理理论

人本管理思想产生于20世纪30年代，而真正将其有效运用于企业管理，是在20世纪70年代。人本管理理论是一种新型管理理论与方法，它是现代企业管理理论、管理思想和管理理念的革命。

1. 人本管理的含义

人本管理是以人为本的管理。它把"人"作为管理活动的核心和企业最重要的资源，尊重个人价值，全面开发人力资源，通过企业文化建设，培育全体员工共同的价值观，运用各种激励手段，提高员工的能力和发挥员工的积极性和创造性，引导员工去实现企业预定的目标。

具体来说，人本管理主要包括：①树立依靠人的全新管理理念；②开发人是人本管理最主要的任务；③尊重人是企业最高的经营宗旨；④塑造人是企业成功的基础；⑤促进人的全面发展是人本管理的终极目标；⑥凝聚人是企业有效运营的重要保证。

2. 人本管理的层次、机制与构成要素

人本管理在企业生产经营实践中呈现多种形态，这些形态可以划分为五个层次，即情感管理、民主管理、自主管理、人才管理和文化管理。

人本管理的关键在于建立一个完善而有效的管理机制与环境，它包括动力机制、压力机制、约束机制、保障机制、选择机制和环境影响机制六个部分。

以人性为核心的人本管理，由企业人、环境、文化和价值观四项基本要素构成，具体内容如表4-2所示。

表4-2 人本管理的层次、机制和构成要素

人本管理的层次	人本管理的机制	人本管理的构成要素
①情感管理。通过情感交流实现有效的管理。它是人本管理的最低层次②民主管理。基本形式是职工代表大会③自主管理。员工自主制订计划、实施控制和实现目标，即自己管理自己④人才管理。基本任务在于发现人才、培养人才和合理使用人才⑤文化管理。它是人本管理的最高层次，它更能体现以人为本的精神实质	①动力机制。包括物质动力和精神动力，即物质利益机制和精神激励机制②压力机制。包括竞争压力和目标责任压力③约束机制。包括制度和伦理道德两种规范，即硬约束和软约束机制④保障机制。包括法律保护和社会保障体系保护⑤选择机制。包括组织选择、个人选择，以及相互之间双向选择的权利⑥环境影响机制。包括人际关系环境和工作条件环境	①企业人。企业全体员工，他们是推动企业发展的决定性力量，是人本管理活动的主体②管理环境。环境因素对人的心理、情绪、工作会产生直接或间接的影响③文化背景。企业文化对企业人起到整合、导向、凝聚和激励的作用④价值观。价值观的一致性、相容性，是企业人在管理活动中相互理解和协作的思想基础，也是企业人实施管理、实现企业目标的前提和保障

3. 人本管理的内容

（1）树立以人为本的管理理念。重视人在企业中的地位与作用，把人作为管理的核心和企业最重要的资源来开展经营管理活动。人是管理中最基本的要素，因而对人的本质的基本看法决定了管理的基本指导思想。企业在实行管理活动中，必须树立以人为本的管理理念。一方面重视人的因素在企业中的地位，确立其中心地位；另一方面在人性假设的基础上，分析人的个性、态度和行为特征，认识人的本质或本性。人本管理及由此调动的企业人创造财富和盈利的主动性、积极性和创造性，是维系企业生存和发展的根本。人

本管理的核心是关心人本身、人与人的关系、人与工作的关系、人与环境的关系、人与组织的关系，达到"以人为本"的目的和境界。

（2）以激励为主要方式，满足人的需要。从人本管理的角度来看，激励的核心职能是调动员工的工作积极性。通过组织引导、激励，实现个人需要，是以人为本的企业管理本应担当的责任，是人本管理的基本要求和准则。激励的目的是激发人们按照管理要求，按目标要求行事。

二、人力资源管理的模式

人力资源管理具有民族性，由于各国政治、经济、法律、文化等社会背景的不同，其人力资源管理模式也有不同的个性。另外，行业和企业不同，人力资源管理模式也会有所不同。美国、日本等发达国家的人力资源管理，在长期的市场经济环境下形成了各具特色的模式。

（一）美国人力资源管理模式特点

美国人力资源管理模式是在19世纪末至20世纪初期逐步形成的，它是将管理与开发融为一体的市场化、综合性、开放性的人力资源管理模式。美国人力资源管理模式的特点是，注重市场调节，实施等级化和制度化的科学管理，注重刚性工资体系和劳资关系的对抗性。

1. 人力资源配置的市场化

美国企业经营组织具有强烈的开放性，市场机制在人力资源配置方面起着关键性的作用。企业和员工各自有充分的自由选择权利，通过市场机制，实现人与工作的优化配置。对于需求方的企业所需的各类人才，可运用市场机制，通过规范的程序招聘；至于企业的核心人才乃至高层管理者，也会通过猎头公司等专门机构去其他企业"挖掘"；企业过剩人员，则流向劳动力市场。作为供给方的员工，根据劳动力市场信息和市场方式来谋求职业，例如，委托职业中介、阅读招聘广告乃至网上求职等，通过市场来寻找就业机会。

这种配置方式的优点是：通过双向的选择流动，可以实现全社会范围内的个人与岗位之间的最优化匹配。缺点是：组织员工的稳定性差，不利于特殊人力资本的形成和积累。

2. 制度化、计划化和专业化

美国文化的理性主义特征在人力资源管理方面，体现为强调管理的制度化、计划化和专业化。对人力资源管理各个环节的活动和一切问题的处理，都按照制度的规定和事先的计划进行。在人力资源管理体制上体现为分工明确、责任清楚，对常规问题的处理程序和政策都有明文规定。大多数企业的人力资源管理部门对企业的每一个职位进行工作分析，制定岗位说明书，规定职位的工作责任、工作条件、能力要求、技术要求，以及对员工素质的其他要求。企业分工精细、严密，专业化程度高。

这种手段的优点是：工作内容简化，容易胜任，即使出现人员空缺，也能快速填补，而且简化的工作内容也易形成明确的规章和制度，摆脱经验型管理的限制。缺点是：员工自我协调和应变能力下降，不利于通才的培养。

3. 重能力与人才快速提拔

美国企业重能力，不重资历，对外具有亲和性和非歧视性。员工进入一个企业有多个入口，有 MBA 学位的人可直接进入管理阶层。员工只要能力强，成就卓越，就可以快速地得到提拔和晋升，不存在论资排辈的情况。

这种用人制度的优点是：拓宽人才选择通道，增强对外部人员的吸引力，强化了竞争机制，使优秀人才脱颖而出。缺点是：减少了内部员工的晋升期望，影响了员工的工作积极性，同时，忽视员工工作年限和资历，会使员工对企业的归属感降低。

4. 薪酬刚性化与调节市场化

在美国企业中，员工工资收入的 95%，甚至 99% 以上都是按小时计算的固定工资，劳动成本刚性化突出。危机时期，企业很难说服员工减少工资，帮助企业渡过难关，只能通过解雇员工来降低劳动力成本和消除剩余生产能力。这样劳资双方都采取不合作的态度，相互作用，恶性循环，加剧了工资刚性和就业的不稳定性。美国企业通过市场机制决定各级各类员工的薪酬水平。企业招聘员工必须参照同类员工的平均市场薪酬水平来决定本企业所支付的薪酬。因此，美国企业的薪酬，完全受劳动力市场薪酬水平的调节。

5. 劳资关系的对抗性

企业和员工具有不同的利益诉求，企业追求利润最大化，员工则追求高水平工资和就业的稳定性。由于劳动内容的简化、规范化、制度化，以及通过库存来保证市场的连续性，使普通员工在利益上讨价还价的能力很弱。普通员工认识到个人力量有限，就把组织工会、形成强有力的斗争力量作为保障自己利益的主要手段；而企业方往往会尽量削弱和打击工会力量。美国现代资本主义企业制度下的对抗性的劳资关系，主要体现为围绕组织工会的权利和通过工会进行劳资谈判的斗争。

6. 注重吸引与留住人才的激励机制

美国企业的人力资源管理非常重视不断改进和完善员工工资福利对员工的激励作用，形成了比较灵活、有效的分配制度。美国企业注意拉开员工的收入差距，给予高端人才十分优厚的经济、福利条件，如赠予企业股票，提供交通、住宿补贴，提供昂贵的保险；对没有技术、管理专长的人员，如工勤人员、普通雇员，仅提供十分有限的薪酬，甚至只提供政府规定的最低工资，一般没有机会得到企业的股票，很少有机会得到企业的特殊医疗保险。企业工资分配呈现收入显性化、福利社会化的特点。企业提供给雇员的收入主要是薪金（工资）及各种保险，薪金和保险均直接取决于个人的能力和贡献，而住房、医疗等福利则完全是雇员个人与社会房产企业和医疗机构之间的事，与企业无关。这种灵活的分配制度有效地调动了雇员的工作积极性。

7. 管理观念追求国际化、全球化

美国是一个多民族的移民国家，同时，美国又是一个资本输出和技术输出大国，许多跨国公司在世界各地设立了分公司、子公司或其他机构。因此，无论是在美国本土，还是在海外，美国公司里的雇员都具有多民族、多文化背景的特征。随着经济全球化趋势的日益加强，企业要加快向海外扩展的速度，跨国公司大力提倡完善企业文化，以容纳并促进多民族的员工协同工作，共创组织效益。在海外公司中，美国母公司也着重于实行员工的本土化政策。人力资源管理面向国际、面向全球已成为美国企业组织考虑人力资源战略时必须重视的内容。

（二）日本人力资源管理模式特点

1. 终身雇佣制、年功序列制与企业内工会

终身雇佣制、年功序列制与企业内工会构成人力资源管理模式的三大支柱。终身雇佣制是指员工被企业录用之后，达到预先规定的退休年龄之前对其持续雇佣的制度。终身雇佣制使特定企业成为员工的终身劳动场所，员工之间容易产生信任，信息交流方便。这一制度有利于塑造团队精神，创建"家族式"企业文化。

年功序列制是指依据员工的年龄、工龄、经历和学历来确定工资和晋升的一种制度，其主要内涵是员工的工资待遇随员工本人的年龄和企业工龄的增长而逐年增加，在管理者的提拔使用和晋升制度中都规定了必须具备的资历。因此，企业中各层管理者的地位高低与年龄长幼之间呈现较为整齐的对应关系。年功序列制有利于稳定组织高级管理者队伍，培养各层管理人员，缓和劳资矛盾，增强员工对企业的向心力。

企业内工会是指按特定的企业成立的工会制度，它使企业与员工结成紧密的共同体。企业内工会缓和了企业与员工之间的矛盾，有利于家族式企业的经营管理。

2. 有限入口和内部提拔

日本企业具有排他性和保守性，人力资源的配置使用主要通过内部调节来满足。日本企业普遍实行"有限入口、内部提拔"的用人制度，员工的升迁和调配具有"有限入口"和"按部就班、内部提拔"的特点。所谓"有限入口"，就是员工要从基层进入企业，然后在按部就班提拔的过程中熟悉情况，与上下左右建立工作和个人关系，为以后从事管理工作创造条件。

采用有限入口、内部提拔的用人制度的优点是：可以客观地认识和评价员工，鼓励员工学习和掌握企业所需的特殊知识和技能，树立长期工作观念，克服短期行为，提高人才选拔的准确性。缺点是：不能吸引外部人才，企业可选择的人才有限，不利于企业人才的合理配置。

3. 重视基本素质，强化特殊技能培训

日本企业在招聘员工时，强调基本素质而不看重个人的具体技能。基本思想是，高素质的职工，可以通过企业实施的培训胜任所有的工作。企业重视与学校的合作，认为好学校的学生素质高，更愿意优先录用刚毕业的学生，作为高素质员工的主要来源，企业认为高素质的员工来自名牌学校的培养。

由于招聘时重素质而轻技能，所以在培训新员工方面投入较大。员工在培训中，既要学习技术方面的"硬技能"，还要学习企业内部的管理制度、上下左右关系和行为准则等很多"软知识"和"软技能"。由于重视在职培训，提升了员工对企业的忠诚度，使生产力大大提高，从而提升了企业的效率。

4. 合作性的劳资关系

以企业为单位建立的企业工会，使企业与员工结成紧密的共同体，企业

和工会更加容易了解沟通，有利于解决劳资之间的矛盾和分歧。在日本，企业普遍吸收员工参与管理，使员工及时了解和掌握企业经营状况，并对影响自己切身利益的重大决策发表意见。许多日本企业中的重大问题一般需经全体员工反复讨论，形成一致意见后，方能最后决策并付诸实施。员工对企业经营情况的及时了解和对企业的信赖、工会与企业的沟通与非对抗性关系形成了日本企业中合作性的劳动关系。

5. 以精神激励为主的激励方式

日本企业的激励方式以精神激励为主。领导与员工之间，员工与员工之间，除了工作上互相配合、通力协作，还注重不断增强相互间的亲密感和信任感，努力营造一种友好、和谐、愉快的气氛，使员工有充分的安定感、满足感和归属感，在工作中体味人生的乐趣和意义。企业还吸收员工参与管理，使员工不但能及时了解和掌握企业经营状况，而且能对重大问题的决策发表意见，形成合作性的劳资关系。在物质激励方面实行弹性工资制度，工人收入的25%左右是根据企业经营状况得到的红利。

这种措施的好处是：调动了普通职工的积极性和献身精神，工资成本的灵活性使日本企业无须大批解雇工人也能比较容易地渡过经济不景气的难关。缺点是：淘汰率低，员工缺乏进取心，集体决策影响决策的果断性和时效性。

（三）美国、日本人力资源管理模式比较

人力资源管理没有一个统一的、标准的、不变的模式，它必须随着企业外部环境的变化做出相应的调整。美国和日本的企业在实行自己的人力资源管理模式的同时，都在借鉴和学习另一种模式的长处。

美国和日本人力资源管理模式的差异，体现在人力资源管理的各个层面上，如表4-3所示。

表4-3 美国、日本人力资源管理模式比较

比较项目	美国	日本
价值观	能力主义及提倡公平竞争、个人主义	适当的能力主义，忠诚及团队精神
等级差异	以职能联系的管理等级	非常普遍的等级
雇佣制度	短期雇佣，流动性强，劳资买卖关系	终身雇佣制

续表

比较项目	美国	日本
晋升制度	专业化历程和快速提升	非专业化历程和缓慢升迁
工资制度	职务工资是主要形式，刚性工资	年功序列制，弹性工资
劳资关系	行业工会的形态。对抗性的劳资关系，员工归属感弱	企业内工会的形态。合作性的劳资关系，员工归属感强
人际关系	对立，人际关系淡薄，人际理性，制度化管理，顺序是法、理、情	和谐，人际关系微妙，以和为贵，顺序是情、理、法
管理手段	集中在特定范围和工作岗位，突出专业化	工作轮换、范围灵活
招聘与引进	全球范围内的发达市场体制	重视教育，崇尚名牌大学，强调基本素质，注重与学校合作
员工培训	企业和社会并重，侧重对技术和管理的培训	重视员工素质，内部培训是企业经营的基础
绩效考评	能力主义，强力表现，快速考评、迅捷晋升、现实回报、无情淘汰的考绩制度	年资序列制和日本式福利管理，重视能力、资历和适应性三者平衡，晋升机会平等
薪资水准	市场化运作、能力、绩效贴现	基于教育、学历和服务年限
员工参与管理	个人决策方式，自上而下的决策过程，速度快，但员工缺乏参与感。形式：目标管理制、员工代表咨询会议、员工建议制、作业小组、员工股份制等	集体决策方式，自下而上的决策过程，增强了员工的参与感。形式：质量圈、劳资协议会、合理化建议、禀议制、目标管理制、无次品运动等

第五章　企业人力资源管理的信息化建设与实施

第一节　人力资源管理信息化建设的基础与原则

全国信息化建设、电子政务、数字中国等建设的快速发展，信息技术的广泛应用和人力资源管理现代化的推进，为人力资源部门适应现代社会发展，加快人力资源管理信息化建设提供了可能。

一、信息化发展为人力资源管理信息化奠定基础

20世纪以来，信息技术的发展为信息化创造了条件。先进的信息技术在国民经济各部门和社会活动各领域普遍应用，大大提高了社会劳动生产率和工作效率，使人们认识到信息化的作用，开始步入信息化发展的历程。

20世纪80年代中期，我国的一些有识之士敏锐地感受到世界信息化浪潮将给人类社会带来深刻的影响，信息将成为当代主要的资源，信息技术革命既是一种挑战，也是一种机遇。

20世纪90年代，我国信息化网络建设、信息化的普及应用、人才培养、资金筹措等部署开始实施，信息化建设进入了全面展开的阶段。1993年，中国信息化建设正式启动，中国政府成立了相关领导机构，金卡、金桥、金关等重大信息化工程拉开了国民经济信息化的序幕。金桥工程直接为国家宏观

经济调控和决策服务，计划建成一个连接全国各省市区的专用基础通信网络。金关工程是国家为提高外贸及相关领域的现代化管理和服务水平而建立的信息网络系统。

20世纪90年代以来，中国致力于国家信息化基础结构建设的努力已经取得明显进展。信息基础设施、信息技术、人力资源信息、信息软环境等信息化要素已有较大改善。

从21世纪初开始，北京、上海、福建、广东等数十家地方政府先后制订了"数字化北京""数字化上海"等信息化计划。目前，以"金"字头为代表的多项工程取得了突破性进展，政府上网工程初具规模。经过十余年的投入和发展，政府、各行各业全面融入信息化建设中来，为积极推动中国人力资源管理信息化建设，实现人力资源管理信息化与中国信息化发展共同成长打下了坚实的基础。

信息产业和信息基础设施飞速发展，特别是办公自动化的迅猛发展，为人力资源管理信息化建设创造了良好条件。随着计算机技术的发展和广泛应用，办公自动化系统的普及率提高，信息应用系统建设、网络建设取得极大进展，应用软件和硬件技术水平有所提高，为人力资源管理信息化搭建了平台，提供了技术保障。

最近十年，信息网络设施明显改善，互联网用户平均每半年翻一番，信息技术的推广应用，使信息产业成为国民经济中最有增长活力的部门和重要支柱产业之一。政府信息应用系统不断增加，企业在因特网上建立自己的企业网站，并实施电子商务。随着"金桥""金卡""金关""金税"等信息化重大工程相继开设和启动，各行各业都加快了信息应用系统工程建设，气象预报系统、地震预报系统、地理信息系统、新闻出版网络系统等公共信息服务业取得明显进展，国家网络初步形成。地方信息化建设在国家信息化进程的引导带动下，也取得了不同程度的进展。目前，各方面均已普遍重视计算机教育和信息化人才队伍建设，全民信息化意识和技能已有所提高。国家、地方信息化进程已取得了阶段性成果。这些促进了人力资源信息数字化、网络化和信息共享，为信息技术在人力资源管理中的应用积累了丰富的可资借鉴的经验，为人力资源管理信息化提供了技术基础。

信息化为我国提供了快速发展的机遇，推动了人力资源管理的发展，使人力资源管理信息化能够建立在坚实的实践基础上，人力资源的信息化管理正在成为这次浪潮的峰顶。

当前的社会环境为人力资源信息化建设创造了良好的氛围和条件。各级政府的重视和支持为人力资源信息化建设的健康发展提供了可靠的保障；国内外有关计算机辅助人力资源管理研究成果的取得，为人力资源信息化建设积累了可贵的经验；引进和培养了一批具有人力资源信息加工和管理、数据库管理和维护、应用系统开发方面的专门人才，为专业人才队伍的新发展创造了优越的条件，奠定了良好的基础；人力资源部门在从事务性角色转变为战略合作伙伴角色的过程中，走向了自动化、网络化的必由之路，满足人力资源管理全面化的需求，构建高效、务实、快捷而稳定的平台。一些专业的 IT 和管理咨询机构，已经将重心转移到信息化与人力资源管理发展的综合研究当中。

社会信息化促使人力资源信息系统建立和完善。信息化已经成为中国经济与社会发展最重要的推动力，信息的重要性已被广为认同，信息系统也已逐步渗透到政府组织和企业中，信息系统开始从传统的后台支持转变为新业务开展的直接驱动力，IT 也日益成为企业的直接利润中心，各种组织对信息系统的依赖程度在不断增加。

人力资源信息是重要的信息资源之一，深入开展人力资源工作需要有量化的分析，需要建立模型对人力资源信息数据进行整理和挖掘，做出充分的分析与决策，需要借助于信息系统。人力资源管理部门要改善其在组织内部的形象，提升人力资源管理的水准，提高员工满意度，需要通过自助服务或个性化服务，必须借助于信息系统。于是，人们运用信息技术进行人力资源信息的加工处理，借助信息系统进行综合分析与管理，实现信息资源的开发与共享。目前，人力资源信息系统已在一定程度上得到应用。

信息技术的应用使人力资源管理现代化建设取得显著成绩，人力资源信息得到了大力开发，人力资源管理基础设施飞速发展，人力资源管理现代化水平大大提高，各项建设取得巨大成就。人力资源部门管理工作发生了深刻的变化，从传统的手工管理方式向现代化管理方式转变，从封闭、半封闭型向开放型转变，信息化的环境已经具备。

网络技术的出现，人力资源管理的网络自助服务获得发展。网络技术将使人力资源管理体系随着信息流的延伸或改变而突破封闭的模式，延伸到企业内外的各个方面，组织各级管理者及普通员工也能参与到人力资源的管理活动中，建立更紧密的联系，网络招聘就是典型。这种网络自助服务建立在人力资源管理系统基础之上，是对人力资源管理系统功能的扩展。

我们可以预见，伴随着信息化进程，我国的社会结构将发生根本性变化，社会面貌和生活方式也将发生巨大变化。全面建成小康社会，必将大力推进信息化，我国的信息化建设将进入一个全新的时代，人力资源管理的信息化也将迈开新的步伐。

二、人力资源管理信息化建设应遵循的原则

人力资源管理信息化建设是一项范围广、投入大、周期长的系统工程，是一项关系人力资源事业发展全局的战略举措，涉及组织结构、管理理念、业务流程甚至企业文化，是各项工作的整合。要成功地实施人力资源管理信息化，必须遵循一定的原则。

（一）循序渐进原则

人力资源管理信息化是贯穿于人力资源管理全过程的动态过程，是一项长期而艰巨的任务。人力资源管理信息化横跨人力资源部、财务部、IT部门等多个部门，涉及诸多技术要素，需要人力资源从业者具备信息技术背景、项目管理和人力资源管理等综合能力。另外，中国企业的人力资源管理水平参差不齐，各个企业的需求层次也不一样，丰富的需求加大了实施人力资源管理信息化的难度。因此，人力资源管理信息化具有挑战性，需要共同艰苦努力。既要坚持科学性、适用性，又要兼顾先进性、前瞻性。这就要求人力资源管理信息化建设，在总体规划的基础上，循序渐进，量力而行，分步实施，有条不紊逐步进行和完善。

循序渐进原则即整体规划、分步实施。根据实际和需求，采取渐进式的解决方案，分阶段、分规模、分步骤、分模块进行信息化。不一定采用完整的解决方案，运用大型、多个功能模块的综合性系统，可以从使用某一职能模块入手，或者选择集成的解决方案。基础好、资金实力强的企业可以一步到位，但对于多数企业来说，还应按功能模块分步实施，根据自身工作的特点和能力，找到信息化的切入点。尤其是中小企业在人力资源管理信息化中

应该量力而行，可以先通过建立网站，发布人力资源信息、收集信息资源。

循序渐进原则，要求考虑人力资源管理的需求，重点突破，务求实效。在不同阶段完成不同的任务，逐步完善人力资源管理信息化建设。

人力资源管理信息化的初级阶段，主要任务是实现有效人力资源基础管理，建立专门的人事和行政管理团队，对员工和业务团队进行指导，引导员工执行决策层的决定，可选用人力资源管理系统的基本模块，避免在人力资源管理系统上为求完美而花费太多的时间和资金。

人力资源管理信息化的规范化管理阶段，主要任务是规范人力资源管理、优化业务流程，满足灵活的组织架构调整和基础人事事务处理及信息维护需求、薪资管理需求及员工社保福利管理需求。可以通过人力资源系统的标准模块，提供人事、薪资、社保福利等常用报表，提供个性化需要的自定义报表，满足人力资源分析需求。

人力资源管理信息化的高级管理阶段，主要任务是建立人力资源战略管理平台。创建以能力素质模型为基础的任职管理体系和以绩效管理为核心的评估与激励体系，创建由 CEO（首席执行官）、人力资源经理、业务经理和员工共同组成的战略人力资源管理平台，将高层的战略目标层层分解到每个部门、每个员工。

（二）电子文件与纸质文件并存原则

在人力资源管理过程中形成了大量的信息，既有纸质文件又有电子文件。随着办公自动化的发展，人力资源电子文件信息越来越多。在今后相当一个时期内，具有重要保存价值的人力资源电子文件，一定要有相应内容的纸质文件归档保存。同时，人力资源电子文件也要按照其记录信息的保存价值进行物理归档，转化为电子档案，并按有关规定安全保管。凡是实现了办公自动化的单位，都要实行电子文件和纸质文件的归档双轨制。人力资源部门要从人力资源管理的特点出发，对单位办公自动化的设计和建设提出人力资源管理和电子文件归档方面的要求，以人力资源管理信息化建设为动力，不断提高人力资源管理的现代化水平。

（三）强化管理与资源共享原则

人力资源管理信息化过程只是为提高人力资源管理水平提供了一个平

台，整体管理水平的提高最终还在于管理人员的素质。人力资源管理信息化的关键在于管理基础，在于管理水平能否达到信息化的要求，包括管理理念、管理方法、管理和技术的整合。信息化程度与管理水平是相辅相成的，人力资源管理信息化需要与之相适应的管理，同时信息化又必然能够提高整体管理水平。

各单位、各部门要从信息化建设的全局出发，充分利用已有的网络基础业务系统和信息资源，加强整合，主动提供相关信息，促进互联互通，信息共享，实现共建共享。

总之，人力资源信息化建设的迅速发展，将极大地促进人力资源信息的开发利用，促进人力资源管理方式的转变，促进人力资源管理理论和实践的发展，为人力资源管理全面实现现代化打下基础。

第二节　企业人力资源管理信息化建设的基础

国家高度重视信息化基础设施建设，提出了明确的方针，健全信息网络体系，提高网络容量和传输速度。大力发展高速宽带信息网，重点建设宽带接入网，适时建设新一代移动通信网。强化网络与信息安全保障体系建设。基础设施是人力资源管理信息化建设中非常重要的基本保障条件之一，主要包括计算机软硬件基础环境和各类辅助设施，如信息高速公路和宽带网、各种通信网、内部局域网，以及与之相配套的软硬件设备等。

人力资源管理信息化基础设施建设的重点是，配备适宜的计算机设备和计算机网络，建立互联网，构建数据库，尽快建立具有相当规模、面向未来、结构合理、高速宽带的信息化基础设施，为全面推进人力资源管理信息化奠定基础。

一、计算机网络

计算机网络发展至今，已逐步形成了具有开放式的网络体系和高速化、智能化和应用综合化的网络技术。计算机网络已成为信息产业时代最重要、最关键的组成部分，对现代人类的经济生活起着巨大的作用，使人力资源管理走向现代化、信息化。

（一）计算机网络的功能

计算机网络是将不同地理位置的具有独立功能的多台计算机，通过软、硬件设备互连，按照网络通信协议和网络操作系统来进行数据通信，以实现资源共享和信息交换的系统。计算机网络有如下五个功能。

（1）数据传输。数据传输是计算机网络的最基本的功能，也是实现其他功能的基础，实现计算机与终端、计算机与计算机间的数据传输，如发送电子邮件、传真、远程登录、发布信息、人力资源信息利用。

（2）资源共享。资源共享是计算机网络最常用的功能，包括共享软件、硬件和数据资源。具有访问权限的用户，可以通过计算机网络中的任一台计算机，使用网络中的程序、数据和硬件设备，冲破时空的限制，沟通交流信息，增强了网络上计算机的处理能力，极大地提高了系统资源的利用率。不仅满足局部地区的数据、文件传输需要，使各用户计算机的利用率大大提高，而且可以在一个国家内甚至全世界进行信息交换、存储和处理，扩展了计算机的应用范围。用户使用千里之遥的数据和程序时，就像使用本地的数据和程序一样，感觉不到地理上的距离。

（3）高可靠性处理。计算机网络本身就是一个高度冗余容错的计算机系统，联网的计算机可以互为备份。网络中一台计算机或一条传输线路出现故障，可通过其他无故障线路传递信息，在无故障的计算机上运行需要的处理。分布广阔的计算机网络的处理能力，可以防止由于故障而无法访问或由于其他原因造成数据破坏。

（4）分布式处理。计算机网络用户可根据需要合理选择网上资源。当某台计算机负担过重，或该计算机正在处理某项工作时，网络可将新任务转交给空闲的计算机完成，均衡各计算机的负载，提高处理问题的实时性；对于复杂的综合性任务，可以划分成许多部分，充分利用网络资源，由网络内各计算机分别协作完成，使整个系统的性能增强，达到均衡使用网络资源、实现分布处理的目的。

（5）集中管理。计算机网络技术的发展和应用，已使得现代办公、人力资源管理发生了很大的变化，可以实现日常工作的集中管理，提高人力资源工作效率，增加经济社会效益。

（二）计算机网络的分类

计算机网络具有多种分类方式。按用途分，有共享资源网、数据处理网、数据传输网、大型商用网、企业管理网等；按通信交换技术分，有线路交换网和分组交换网；按通信传输技术分，有基带网和宽带网；按传输介质分，有无线网和有线网。

人们通常按照网络覆盖的地理范围，将计算机网络分为局域网、城域网、广域网。

局域网地理范围一般在10公里以内，属于一个部门或单位组建的小范围网，组建方便，使用灵活。

城域网所采用的技术基本上与局域网相类似，只是规模上要大一些。它既可以覆盖相距不远的几栋公办楼，也可以覆盖一个城市；既可以支持数据和话音传输，也可以与有线电视相连。城域网一般只包含1~2根电缆，没有交换设备，因而其设计比较简单。

广域网是在一个国家，甚至全球的广泛地理范围内所建立的计算机网，实现两个以上有一定距离的微机局域网或远程工作站的连接和通信，包括运行用户应用程序的机器和子网两部分。运行用户程序的计算机通常称为主机，主机通过通讯子网进行连接。子网通常由传输线和交换单元组成，其主要功能是把信息从一台主机传送到另一台主机上。广域网的覆盖范围十分广泛，对通信的要求高，要按照一定的网络体系结构和相应的协议来进行。为实现不同系统的互联和相互协同工作，必须建立开放系统互联。

计算机网络是信息时代人力资源管理的重要工具和载体。当今席卷全球的以比特的转移和共享为特征的信息革命中，计算机网络对人力资源管理的冲击是其他载体所无法比拟的。计算机网络提供了一个人力资源信息被获取、被增值的平台，使人们可以冲破时空的障碍共享信息，感觉到与世界同步发展的机会，人力资源管理进入了一个全新的充满机会和挑战的时代。

计算机网络已成为连接整个世界的工具，是反映整个社会政治、经济、文化、科技、教育等情况的巨大的信息源。离开了计算机网络，人们之间的交流就会受到时空的限制，人力资源管理就会跟不上时代发展的步伐。可以说，计算机网络是人力资源管理信息化的物质基础。在人力资源管理信息化建设过程中，应配备与人力资源管理信息化规模相适应的计算机设备和计算机网络，为人力资源管理插上腾飞的翅膀。

计算机网络的建设，将会把大量用户紧密联系在一起，形成一个有机整体；将会使人力资源电子信息的收集积累、整理鉴定和保管利用工作变得更快速、简捷和方便；将会使数据库的资源，得到更充分更广泛的开发利用；甚至会改变人力资源管理者对人力资源电子文件管理的认识，形成人力资源电子文件管理的科学方法和新的管理模式。

在计算机网络建设中，要提高信息技术运用能力，维护网络安全。做到强化信息意识，把对于信息和信息技术的掌握作为员工的考察和任用的重要依据；建立计算机网络的管理机制，把对于风险的防范和处理作为管理中不可缺少的重要的组成部分。为保证信息和网络安全，要采取多种保护措施，提高网络安全可靠性，保证信息通信安全畅通。在技术方面，为防止越权利用，可以使用身份认证技术；为防止信息泄漏，可以使用信息加密存储传输、授权技术；为防止黑客攻击，可以使用防火墙技术、网络防毒技术。在管理方面，建立健全制度，对各项安全要求做出具体规定，形成一套完整的、适应网络环境的安全管理制度，包括人员管理制度、保密制度、跟踪监督制度、数据备份制度、病毒定期清理制度。这是保证网络安全的重要基础工作，是确保信息安全的规范和准则。

二、局域网的特点、构成与应用

计算机网络作为信息技术的基础，是当今世界最为活跃的技术因素。20世纪70年代末期出现的计算机局域网，在20世纪80年代获得飞速发展和大范围的普及，20世纪90年代步入更高速的阶段。目前，计算机局域网的使用已相当普遍。

（一）局域网的特点

局域网是一个在局部的地理范围内将各种计算机、外部设备和数据库等相互连接起来组成的计算机网，在计算机网络中占有非常重要的地位。

局域网是处于同一建筑、同一组织，或方圆几公里远地域内的专用网络，允许用户相互通信和共享诸如打印机、绘图机和存储设备等资源，通过公共数据库共享各类信息，向用户提供信息服务。

局域网覆盖范围比较小，投资少，配置简单，通常使用一条电缆连接所有的计算机。由于较小的地理范围，局域网通常比广域网的传输速率高，传输质量好，误码率低，具有高可靠性、易扩充和易于管理及安全等多种特性。

局域网一般采用专用的传输媒介（如电缆、光缆和无线媒体）构成，通信处理由网卡完成，可与远方的计算中心、数据库或其他局域网相联构成一个大型网络的一部分。局域网被广泛应用于连接企业的个人计算机或工作站，以利于个人计算机或工作站之间共享资源和数据通信。单一的局域网覆盖的范围窄，资源也比较有限，要扩大通信和资源共享范围，就需要将若干个局域网连接成为更大的网络，使各个不同网络的用户能够互相通信、交换信息，共享资源。

（二）局域网的构成

（1）计算机。局域网是一种计算机网络，因而计算机是构成局域网的基本组成部件。属于计算机设备的有服务器、工作站、共享设备等。其中，服务器是网络的核心设备，负责网络资源管理和用户服务，是一台专用的计算机；工作站是指具有独立处理能力的个人计算机；共享设备是指为众多用户共享的公用设备，如打印机、磁盘机、扫描仪等。

（2）传输媒体。计算机互连在一起，离不开传输媒体。用于连接网上各节点的传输介质分成硬介质和软介质两类。硬介质可以是同轴电缆、双绞线和光导纤维电缆。其中，光纤的传输原理采用了光信号折射原理，具有信号损耗小、频带宽、传输率高和抗电磁干扰能力强等特点。软介质主要采用微波通信、激光通信和红外线通信三种技术。

（3）网络连接设备。网络连接设备有网内连接设备和网间连接设备。网内连接设备包括网卡（又称网络适配器）、终端匹配器、中继器、集线器等。网卡是计算机和计算机之间直接或间接通过传输介质相互通信的接口，提供数据传输的功能，关系用户将来的软件使用效果和物理功能的发挥。终端匹配器主要用于总线型结构的两个端点上，起阻抗匹配的作用。中继器又称转发器，作用是把网络段上的衰减信号加以放大和整形，使之成为标准信号传递到另一个网络段。集线器，又称多口转发器，是一种特殊的中继器，可以作为多个网络电缆段的中间转接设备而将各个网络段连接起来，若网络上某条线路或节点出现故障，不会影响网络上其他节点的正常工作。

网间连接设备包括网桥、路由器、网关等。网桥起着扩充网络的作用，连接两个相同类型的网络，以相同的网络操作系统和通信协议为基础。网桥既有中继器的功能，还有信号收集、缓冲及格式转换的作用。路由器可连接不同类型的网络，既有网桥的功能，还有路径选择功能，多个网络互连后，可自动选择一条相对传输率较高的路径进行通信。网关也称为协议变换器，主要是转换两种不同软件协议的格式。

（4）网络操作系统。网络操作系统是网络的心脏和灵魂，是网络的主体软件，是向网络计算机提供服务的特殊操作系统，处理网络的请求、分配网络资源、提供用户服务和监控管理网络，使计算机操作系统增加网络操作所需要的能力。

网络操作系统的目的是使网络相关特性最佳，如共享数据文件、软件应用，以及共享硬盘、打印机、调制解调器、扫描仪和传真机等。

网络操作系统从根本上说是一种管理器。管理局域网用户和局域网打印机之间的连接，跟踪每一个可供使用的打印机及每个用户的打印请求，并满足请求；对每个网络设备之间的通信进行管理。网络操作系统的各种安全特性可用来管理每个用户的访问权利，确保关键数据的安全保密，如文件加锁功能，可以跟踪使用中的每个文件，确保一次只能一个用户对其进行编辑。

（三）局域网在人力资源管理中的运用

在人力资源管理过程中，可以利用局域网使人力资源信息上网发布。人力资源部门将有关工作信息和可公开利用的人力资源信息上局域网，用户只要按照有关要求或程序，点击鼠标，就可以查阅所需人力资源、人力资源管理工作方面的信息。

通过局域网上网的人力资源信息的主要内容包括：人力资源工作信息，包括人力资源工作动态信息、人力资源政策法规信息、人力资源工作发展规划信息、人力资源培训与考核信息等；机构信息，包括管理机构、业务机构的基本职能、部门设置、例行服务、联系方法等；人才资源信息，包括人开发利用有关的数字化目录信息、全文信息、特色图片资料等；人力资源利用服务信息，包括人力资源部门的服务对象、服务方式、服务内容、服务政策。

通过局域网可进行人力资源电子信息利用。利用方式包括阅览、复制、网上咨询、计算机编研等。在人力资源电子文件日益成为文件主导形式的趋势下，广泛地使用计算机和通信系统，对大量信息进行收集、积累、整理和分析，丰富信息资源，充分开发人力资源信息，最大限度地为社会服务，迅速、准确地提供一切可能提供的信息为社会进步和经济发展服务。

局域网在人力资源管理中的应用还体现在：人力资源信息目录的管理，对使用频率高的或对外开放的信息目录进行管理，尽可能提高信息检索速度和查准率、查全率；进行文件处理和业务工作，包括收发文、统计分析与预测、数据积累、文字处理，以及人事、工资、设备等的管理，节省大量的人力和时间，提高工作效率；进行人力资源信息全文存储与检索，直接对信息全文处理并自动检索全文信息。局域网可以将相关联的人、信息、业务环节连接在一起，构成整体，达到整体大于部分的效果。

三、国际互联网与应用

进入20世纪90年代以后，随着计算机与通信技术的结合，推动了计算机信息网络的全面发展和普及。由计算机网络形成的世界范围的国际互联网，简称因特网，越来越成为社会开发利用信息最有效的手段。目前，在技术进步和应用需求共同推动之下，因特网正以惊人的速度不断发展，对全人类的经济活动和社会生活产生着日益广泛的影响，对人力资源管理活动带来冲击，成为人力资源管理信息化的必要条件。

（一）因特网在我国的发展利用现状

因特网是当今世界上最大、最流行的计算机网络，被人们称为全球性、开放性的信息资源网。因特网最早由美国政府建立，它的前身是阿帕网，起源于20世纪60年代连接全美高校计算机的广域网络，1969年由美国国防部高级研究计划局为冷战的目的而开始投入运行，而后，阿帕网扩展成国际互联网。

因特网实际上是由世界范围内众多计算机网络相互联结而成的一个网络

集合体，是一个集全球各领域各机构的信息资源于一体供上网用户共享的信息资源网，是一个以通信协议连接世界各地各部门的各个计算机网络的数据通信网。由于因特网采用了 TCP/IP（传输控制协议/互联协议）这一通用的通信协议，因而成为世界上最大的互联网络，已经从最初简单的研究工具演变成为世界范围内个人及机构之间重要的信息交流工具。目前，因特网正在向全世界各大洲延伸扩散，不断增添吸收新的网络成员，已成为唯一能覆盖全球的计算机互联网络。

1986 年，中国科学院等一些单位通过长途电话拨号方式进行国际数据库检索，这是我国使用因特网的开始。1994 年 4 月，中国的四大互联网之一的 CASTNET 建立，正式接入因特网，并由世界银行贷款，我国政府配套投资，由中科院主持建设"中国国家计算与网络设施"，它由科学院网、北大校园网、清华校园网组成。其后，我国启动教委系统的中国教育和科研计算机网，在 1995 年建立一个全国网络中心和多个地区网络中心，有近百所大学将其校园网与之并网。

（二）因特网在人力资源信息开发方面的运用

因特网在人力资源信息开发利用方面具有强大的功能，它在提供丰富的人力资源信息的同时也提供了大量方便的工具，其中最基本的工具有：电子邮件 E-mail、文件传输协议（file transfer protocol, Ftp）、远程登录 Telnet 等，还可以通过各种工具对网上的各类人力资源信息进行查询。

1. 电子邮件

电子邮件是因特网上目前使用最广泛的工具，也是因特网最主要的用途。用户通过网络传送给特定的用户或一群用户信息，时效强，费用低。电子邮件是一种利用计算机网络进行信息传递的现代化通信手段，其快速、高效、方便、价廉等特点，使得人们越来越热衷于它。

E-mail 是从一台计算机上的一个用户向目的地主机的接触用户发送信息的一种方式。邮件大多为文本格式，图形和照片也可以放入邮件中发送，一些邮件格式还包含声音，甚至视频动画。

电子邮件由邮件标题和消息体组成。标题包括：发送者、接收者、日期、主题。发送者和接收者两栏各填写机器在网上的地址，消息体是填写邮件所要表达的具体内容，另外邮件后面还可以有附件和签名。

2. 文件传输协议

文件传输协议（*Ftp*）是一个在远程计算机系统和本地计算机系统之间传输文件的一个标准。它的工作就是实现用户的计算机和远程计算机的连接，并保证文件能正确、迅速地在用户计算机与文件服务器之间传输。它是在因特网上通过访问远程文件系统，在计算机之间传输文件，包括从远程计算机获取文件，或将文件从本地机器传送到远程计算机。

网络最早的目的是用于信息资源共享，文件传输成为必不可少的服务。文件传输协议是由因特网的前身阿帕网建立的，它是目前用在因特网上的 *TCP/IP* 协议组的一部分。*Ftp* 是文件传输的标准协议，用它进行文件传输时，两端的计算机类型可以不同。

Ftp 的基本操作步骤包括六步：第一，与文件传输协议服务器联机；第二，登录对方主机；第三，查找所需文件；第四，定义被传送文件的类型；第五，存取文件；第六，退出对方系统。这六个步骤构成了文件传输协议的全过程。

3. 远程登录

远程登录（*Telnet*）是指一个地点的用户计算机可以登录到另一个地点的计算机上，成为该计算机的一个终端。这样就可以实时使用远程计算机上对外开放的全部资源，查询数据库、检索资料，或利用远程计算机完成只有大型机，甚至巨型机才能完成的工作。

当使用 *Telnet* 登录到远程计算机上以后，用户的计算机称为终端，而所登录的计算机则称为主机。有了 *Telnet*，即使远程计算机相距万里之遥，也可以坐在自己的计算机前进行操作，通过键盘直接向远程计算机发送命令，远端计算机接收和执行命令后，再将结果显示在终端计算机屏幕上。

给出 *Telnet* 需要连接的网上主机的地址后，就可以使用 *Telnet*。*Telnet* 操作对用户透明，敲入 *Telnet*、空格及远程计算机的因特网地址便可启动 *Telnet*，给出远程计算机名字或地址均可，一旦按下回车键，便进行登录连接。

（三）因特网与人力资源电子文件

作为信息高速公路雏形的因特网，是一个国际间的互联网络，联结了几百万台计算机网络主机，具有广泛的开放性，应用日趋普遍和深入。随着因特网的功能迅速地被开发、利用和深化，人力资源电子文件利用的网络化是一种趋势。

当代社会正逐步走向信息时代。信息时代人力资源管理活动的主要特征之一，就是人力资源信息的充分开发和有效利用。现在社会上的信息资源已经非常丰富，各种各样的信息媒体、信息系统、数据库等借助先进的计算机网络技术已经连接成一个有机的整体，为人们获得和利用人力资源信息提供了极大的方便。网络是用通信线路联系起来并共同遵守 TCP/IP 协议的各种局域网和广域网所构成的超级信息网络，是综合性的信息服务阵地。

人力资源部门可利用因特网提供多种人力资源电子文件信息服务，如网络检索、网上培训、法律法规标准公布、专题讨论、人力资源电子文件编研成果与电子文件信息发布等。通过网络，每个用户都可以利用灵活方便的网络信息服务方式，通过基于菜单的信息查询基于关键词的文本检索和基于超文本的多媒体信息浏览等，采集到丰富多彩的人力资源信息。各级各类人力资源部门要在国际互联网上建立人力资源网站或主页，为人力资源信息共享和人力资源信息的更好服务开辟新的渠道。

因特网面向全世界的用户，具有开放性、平等性，是服务范围最广、宣传功能最强的服务方式。其所提供的信息是开放信息，人们可以拷贝、摘抄、下载、编辑网站信息。因此，要控制提供人力资源电子文件信息的范围，对于未满开放期限的或不宜公开的人力资源信息不予上网。

四、数据库与应用

（一）数据库的特点

数据库是在一定的计算机软硬件技术支持下，按照一定方式和结构组织起来的，具有最小冗余度和较高独立性的大量相关数据的集合。数据库是现代人力资源信息开发的主要形式，能以最佳的方式、最大的共享和最少的重复为用户服务，是计算机人力资源信息管理的基本资源。

数据库是按一定规范，将文件题名、责任者、来源、页码、分类号、主题词、摘要等组织在一起的数据集合。数据库记录的各个项目称为字段，用来描述数据的属性，在长度上可以是固定的，也可以是变动的。完整的数据库由若干数据文档组成，是多种记录类型的组合，将具有相同性质的记录进行集合，涉及记录、数据聚合和数据项之间的联系，用来存储与检索有关的所有数据。

数据库中的数据按一定的数据模型组织、描述和存储，具有较高的数据独立性和可扩散性，可供各种用户共享。数据库作为一种新型信息源的特点包含以下五项。

（1）多用性。数据库充分考虑多种应用的需求，从整体观点来组织数据，数据可以共享，内容可靠，存储量大，能够为用户提供尽可能多的检索途径。数据库是计算机检索系统的核心部分，其性能往往影响到整个系统的功能效率。

（2）动态管理性。数据库减少了数据的重复，避免数据的不一致。保障数据的安全性和完整性，多用户操作并行调度，易于使用，利于扩展，便于扩充修改，更新速度快，而且能根据需要随时进行建库、检索、统计、备份和恢复等多种数据管理。

（3）技术依赖性。数据库的实现是以计算机的高速运算能力和大容量存储能力为基础的，它的发展又与数据库系统开发、管理技术的进步紧密相连。虽然数据库信息源内容新颖、检索效率高，而不受距离限制，但如果没有发达的信息技术基础，数据库信息源就不可能产生和发展，也不可能得到广泛普及和运用。

（4）使用价值性。数据库是存储在计算机内，有组织、可共享的数据集合，具有文件系统无法比拟的优点。数据库中的数据可以一次输入多次使用，便于计算机处理、数据传输和信息技术的多方面加工利用，冗余性小，利用率高，独立性强，共享性好，提供信息方便、快速和有效，不容易被侵权复制，保密性好，使用价值大。建立数据库的主要目标之一是数据资源共享，通过计算机信息系统为多用户服务。

（5）有机结合性。数据库是存储在某种存储介质上的相关数据有组织的集合，反映数据之间的复杂关系，便于信息的共享。数据库不是简单的将一些数据堆集在一起，而是把一些相互间有一定关系的数据，按一定的结构组织起来的数据集合。例如，单位员工的个人基本信息有：编号、姓名、性别、出生日期、婚否、职务、工资、简历，这些信息数据是有密切关联的，描述了每个员工的自然情况。数据库能将描述每个员工的数据按一定方式组织起来，达到方便管理的目的。

（二）建立数据库的功能

随着数据库管理系统技术的不断发展，数据库的存储容量越来越大，检索能力越来越强，开发越来越容易，使用越来越方便。把大量的数据组织成数据库，提高了用户的信息检索效率，有利于实现信息资源共享。

（1）实现真正意义的人力资源信息共享。要实现人力资源管理信息化，首先要开发利用人力资源信息，也就是要建设数据库。数据库是存放人力资源信息的宝库，它作为信息系统资源建设的核心，已成为人力资源信息开发利用的重要标志。建设数据库，促进信息资源开发和利用，是人力资源管理信息化的发展战略。

数据库拥有一定数量的信息，并在一定的范围内提供信息利用，在人力资源管理活动中发挥了重要作用。但是我们应当看到，已建成的数据库不仅数量少，而且数据库里存储的数据记录量也少，利用率不高。因此，进行人力资源信息网络化建设，开发利用人力资源信息，就必须加快数据库建设步伐。只有网络环境下的人力资源数据才具备真正意义的资源共享。要集中统一规划、分类指导，建设实现资源共享的文件计算机网络，突破单机数据库无法共享的局限，按不同数据库的特点进行开发利用。避免数据库之间数据的重复，形成各有特色、内容丰富、实用的各类文件数据库。

在人力资源数据的准备上，既要进行原文信息的存储，做好二次信息加工，还要加强人力资源信息的编研工作，开发出特定专题的人力资源信息编研成果，通过信息的再加工、再创造，提高人力资源信息的价值含量，使各数据库形成有各自特色的专题性数据，为社会提供人力资源信息的服务。

（2）提高人力资源信息利用效率。数据库包含文件、档案、资料等多种类型的数据。无论是建立管理网络，还是建立局域网信息管理系统，都要使用网络环境下的管理软件，实现行文管理、事务管理和业务管理各环节的自动化及文档一体化，共享网络中各种相关的文件、档案、图书、资料、信息编研成果等多种类型的信息。可以说，在各系统之间实现远程联网所共享的网络资源，将是多种类型的数据，这将进一步提高信息化管理水平，提高信息资源的利用效率。

（3）便于人力资源电子文件信息交流。建立数据库，形成内容丰富、种类齐全、独具特色的数据集合，可充分利用网络的优势，在网络环境下开发利用文件信息资源，在网上进行信息发布与交流。如采用制作主页方式通过所在单位的网站发布信息，在网上实现交互信息、计算机检索目录等资源共享，还可加强与其他信息部门及国外同行的协作与交流等，更好地进行人力资源电子文件信息交流，实现信息的共享。

（三）数据库的分类

1. 按所含信息内容的性质分类

数据库按所含信息内容的性质可分为：二次文献数据库、事实数据库和全文数据库。

（1）二次文献数据库，包括各种机读版的文摘、索引、目录等，又称目录数据库。其作用在于指引用户找到合适的文件信息源，也就是文件原文，从而满足其检索要求。文献数据库的开发事实上是一种计算机化的二次文献信息的生产，因而是开发文献的机读目录、题录、索引和文献的生产。

（2）事实数据库，又称文本数据库，是同时包含文本信息和数值信息的数据库，它提供经过加工的信息，利用者可直接从中查找自己所需要的文件信息。

（3）全文数据库，存储机读化的文件全文，供全面检索电子文件信息用，可用来检索电子文件原文中的任何字、句、段等。

事实数据库和全文数据库统称源数据库，其特点在于它本身含有一次信息，即用户所要求获取的数值、事实或文本，可直接向用户提供所需的文件信息。它相对于二次文献数据库来说，是在更深层次上对文件信息进行加工的产物。源数据库近些年来发展很快。

2. 按数据模型分类

数据库按数据模型可分为：层次数据库，用树形结构表示各类实体及其相互间联系；网状数据库，用网状结构表示各类实体及其相互间联系；关系数据库，用二维表结构表示各类实体及其相互间联系。

3. 按数据形式分类

数据库按数据形式还可分为文字数据库、数值型数据库、图像型数据库等。近年来出现了将文本、数值数据、图像图形、声音结合在一起的多介质数据库，这种数据库不仅能提供静态的文本、数字或表格，还具有声形并茂的特点，是多媒体技术发展的产物。数据库技术与其他学科结合，各种新型数据库不断出现,如分布式数据库、演绎数据库、多媒体数据库。

各种类型数据库的不同之处仅仅在于载体形式的区别和使用方式的不同。

(四)数据库系统

数据库系统是合理组织和动态存储有联系的各种数据,并对其进行统一调度、控制和使用的计算机软件和硬件所组成的系统。

数据库系统是储存、管理、处理和维护数据的系统,由数据库、数据库管理员和有关软件组成,对数据库进行集中统一的管理和控制,使数据库能够准确、及时、有效地对数据进行检索和更新操作,保证数据库的安全性和完整性。大、中、小型计算机和微机上运行的数据库系统差别大,其系统的结构和功能也有很大差异。一般来说,数据库系统应具备模式翻译、应用程序编辑、交互式查询、数据组织与存取、事务运行管理、数据库维护等功能。因此,数据库系统的数据集中、冗余减少,一切烦琐的物理存储过程由数据库系统提供的软件完成,用户不必了解数据库文件的存储细节,可以抽象地、逻辑地使用数据。

数据库是为满足多个用户的多种应用需要按一定的数据模型在计算机系统中组织、存储和使用的相互联系的数据集合。数据库系统的建立要进行需求分析,收集基本数据,对数据进行处理和分析,明确用户需求及数据库中各种数据之间的关系,决定数据库的特点和存储数据信息的主要内容,在对信息分类、整理等定量化和规范化处理后,将信息完整、准确地存储于计算机中。数据库系统在操作系统控制下对数据库进行建立、使用和维护,接受、分析并解释用户的命令请求,通过相应的处理程序,对数据进行加工,形成结构化的数据,以便人们共享信息。

要实现对数据的完整性、唯一性、安全性有效管理,提供各种简明的管理和控制数据的命令。用户可以通过应用程序向数据库发出查询、检索等操作命令,以获得满足不同需要的信息。

(五)数据库在人力资源管理中的运用

拥有一台计算机、一个调制解调器和适当的软件,就可以进入存储大量人力资源信息的联机数据库。不同的数据库各有特色,提供不同的信息,涵盖丰富的信息内容,有的数据库还提供进入其他数据库的服务。

数据库是人力资源管理的基础。对人力资源纸质文件的全文或目录进行计算机管理，离不开数据库。对多媒体人力资源信息进行集中统一管理，更离不开数据库。对人力资源电子信息进行管理，建立电子信息数据库系统，将成为管理的主要环节。总之，数据库在人力资源信息管理中，特别是电子文件归档和电子档案管理中，将会得到广泛应用。

数据库的利用，应有针对性、目的性。一般情况下，根据你所选择的数据库，针对信息需求，首先要提供明确具体的关键词，以此作为搜索信息的基本途径。数据库在接收到关键词以后自动检查其索引，然后选出含有关键词的相关信息，再把定位的信息发送出去。当接收到信息以后就可以对检索到的信息进行鉴别、挑选、整理加工，有目的地进行信息的利用。

人力资源管理者要了解和熟悉各种信息源的使用规则，掌握从人力资源的检索到计算机信息处理软件和网络通信工具软件的使用方法，充分利用数据库，学会根据工作活动目的收集信息，从丰富多样的信息中选择、分析和鉴别需要的信息，从而激发利用信息的潜能。要高度重视信息资源的开发利用，大力开发各种层次、系统、种类的信息资源，建立数据库，并推动信息资源的共享和利用。

数据库的实现依赖于计算机的超高速运算能力和大容量存储能力。要实现人力资源管理信息化，就要加快数据库建设，建立规模大、容量大、功能齐全、更新速度快的数据库。这些丰富而宝贵的数据库资源，将为人力资源管理信息化奠定广泛而坚实的物质基础，提供可靠的数据保障。要尽快实现数据库资源的联网化，为因特网的信息资源增添新的源泉。随着数据库系统进入因特网，以及网络信息检索和共享系统、实时多媒体系统、虚拟系统等的形成和进一步完善，必将带动网络人力资源信息开发、利用和管理进一步发展。

第三节　企业人力资源管理信息化建设的事项

随着人力资源信息在社会活动中发挥着日益重要的作用，客观上要求加强信息建设，人力资源信息建设活动应运而生。人力资源信息建设是人力资源管理在未来信息社会中发挥自身优势、实现人力资源信息共享的基石,是人力资源管理信息化的核心内容。

一、人力资源信息的获取

随着全球信息化进程的加快,信息已成为人类经济活动、社会活动的战略资源。人力资源信息是信息家族的重要组成部分之一,其重要性正日益凸显。只有加强人力资源信息的收集积累,拥有丰富的人力资源信息,人力资源管理信息化建设才有了坚实的基础。

(一)人力资源信息的特征与类别

信息是我们用于适应外部世界,并且在使这种适应外部世界所感知的过程中,同外部世界进行交流的内容和名称。信息就是信息,它既不是物质,也不是能量。信息是反映事物的形成、关系和差别的东西,它包含在事物的差异之中,而不在事物本身。人力资源信息具有其自身的特征和功能。

1. 人力资源信息的特征

人力资源信息属于信息的一类,是依附于一定载体上的人力资源活动的信息集合。它是在人力资源的获取、整合、激励及控制调整过程中所形成的信息。人力资源信息具有信息的一般共性,也具有不同于其他信息的特殊性。分析研究人力资源信息的特征,有助于加深对人力资源信息本质的认识。

(1)共享性。在人类赖以生存和发展的自然界,可以开发利用的材料和能源是有限的,绝大多数是不可共享、不可再生的。相反,信息是无限的、可再生的。人力资源信息具有可共享性,在其交换过程中,不仅不会丧失原有信息,而且还可能增值。正是人力资源信息的共享性,使得信息的再利用成为可能,可以根据不同利用者的特定需求进行开发利用。

(2)时效性。人力资源具有使用过程的时效性,即人力资源的形成与作用效率要受其生命周期的限制。人的劳动能力随时间而变化。在人的少年时期,人力资源的投资始终存在但却不能提供现实的产出;在青壮年时期,人力资源开始产出,并不断增大产出的质与量;到了老年时期,人力资源的产出量又由于人的体力与精力的下降而在总体上有所下降,甚至丧失劳动能力,退出人力资源范围。人力资源存在于人的生命之中,它是一种具有生命的资源,它的形成、开发、配置、使用都受到时间的限制。人力资源具有的使用过程的时效性使人力资源信息具有时效性。这就要求人力资源部门对人力资源信息必须做到适时开发、及时利用、讲究实效，并有效调整人力资源的投入与产出，最大限度地保证人力资源的产出，延长人力资源发挥作用的时间。人力资源信息开发使用的时间不同，所获效益也不相同。

（3）社会性。人力资源信息总是与一定的社会环境相联系的，它的形成、配置、开发和使用都是一种社会活动。从本质上讲，人力资源信息是一种社会信息资源，应当归整个社会所有。

（4）可开发性。人力资源是可以多次开发的资源。对一个具体的人来讲，他的知识和能力具有可再生性，在职业生涯结束之前，都是可以持续开发的资源。通过培训、积累、创造等过程，实现人们知识、技能的更新与素质的提升，使人的劳动能力持续不断地发展。人力资源信息若不加以开发利用，处于闲置状态，就会逐渐失去利用价值。应尽量充分使用已有的人力资源信息，创造出效益。

（5）记录内容广泛性。人力资源信息涉及人力资源管理活动的各个方面，如劳动、工资、保险福利、劳动保护、职工培训等，内容十分广泛。

（6）记录时间经常性。人力资源管理活动是随时进行的，只要有人力资源活动，就有人力资源信息记录。随着时间的推移，形成的人力资源信息越来越多，内容也越来越丰富。

（7）记录项目具体性。人力资源信息是对发生的人力资源管理活动的具体事实所进行的直接记载。

2. 人力资源信息的类别

人力资源信息类别划分的标准不同，可以根据人力资源信息的属性和特点，选择特定的标准，将人力资源信息划分成各个类别，使之形成有机的体系。

（1）按照人力资源管理性质划分的类别，可以划分为以下四类。

第一，人力资源的工作计划信息。人力资源的工作计划主要指组织内部业务性的人力资源计划，一般包括：招聘计划、员工流动计划、员工的培训计划、工资计划等。

第二，工作分析信息。这是对一项工作进行全面分析的评价过程，或以收集岗位信息确定完成各项工作所需技能、责任和知识的系统工程。由准备、调查、分析和完成阶段组成，进行工作分析形成的信息有各种调查问卷和观察提纲、有关工作特征的各种数据、有关工作人员必备的特征方面的信息、工作说明书、工作规范等，可以帮助人们明确各项工作之间在技术和管理责任等各个方面的关系，消除盲点，减少重复，提高效率。只有运用工作分析信息，才能可靠地确定组织中各种工作之间的关系结构。

第三，工作信息。包括职位头衔、薪金范围、目前空缺的数目、替代的候选人、所需要的资格、流动比率、职业阶梯中的位置。

第四，员工信息。包括传记性的资料、职业兴趣/目标、专门化的技能、教育、荣誉和奖励、受聘日期、所获得的津贴、组织中的职位、所拥有的执照和证书、薪金历史、薪金信息、绩效评分、出勤资料、所受培训、扣税信息、以前的工作经验、养老年金缴纳、发展需要、个人特点与执行工作的能力。

（2）按照人力资源信息源的差异划分的类别，可以划分为以下两类。

第一，动态信息。是指直接从个人或实物信息源中发出，且大多尚未用文字符号或代码记录下来的人力资源信息。

第二，静态信息。是指经过人的编辑加工并用文字符号或代码记录在一定载体上的人力资源信息。

（3）按照人力资源信息获取途径的差异划分的类别，可以划分为以下两类。

第一，公开信息。是指来自大众传播媒介、公共信息服务或其他公开渠道的人力资源信息，其传递和利用范围没有限制。

第二，非公开信息。是指来自非公开渠道，甚至采取了一定保密措施的人力资源信息，其传递和利用范围较小或受到严格限制。

（4）按照对人力资源信息加工的程度划分的类别，可以划分为以下三类。

第一，一次信息。未经加工的零散的不系统的原始人力资源信息。

第二，二次信息。在一次信息基础上加工而成的人力资源信息。

第三，三次信息。在二次信息的基础上经综合分析形成的深层次人力资源信息。

（二）人力资源信息获取的方法

1. 观察法

观察者在工作现场通过感觉器官或利用其他工具，观察员工的实际工作运作,用文字或图表形式记录下来,获取工作信息。"科学管理"的观点就是建立在观察计量的实证基础之上。观察法能观察、记录、核实工作负荷及工作条件,观察、记录、分析工作流程及工作内容、特点和方法,以便提出具体的报告。

(1) 观察法的特点。观察法有以下五个特点。

第一,在日常、自然状态进行。观察法是在一种日常的、自然状态的情况下进行的调查,在不打扰被调查对象的前提下,对被调查对象的行为进行系统观察和记录。

第二,能获得真实、生动的信息。直接获得准确性较高的第一手信息资料,能较真实反映事物发展的内在规律。因此,观察的资料比较真实、生动。

第三,可以借助设备观察。观察一般利用眼睛、耳朵等感觉器官去感知观察对象。由于人的感觉器官具有一定的局限性,观察者往往借助各种现代化的仪器和手段,如照相机、录音机、显微录像机等来辅助观察。可用摄像机记录员工工作过程,可利用有关仪器测量工作环境中的噪音、光线、湿度、温度等。

第四,适用于标准化程度高的工作。采用观察法主要是对工作人员的工作过程进行观察,记录工作行为的各方面特点,了解工作中所使用的工具设备,了解工作程序、工作环境和体力消耗。因此,观察法适用于标准化或大部分标准化的、周期短的、以体力活动为主的工作,收集强调人工技能的工作信息。如观察车工的工作,可以帮助工作分析人员确定体力劳动与脑力劳动之间的工作活动关系。而不适于工作周期比较长及以脑力劳动为主的工作,如高层管理者、研究人员或建筑设计师的工作。

第五,通常与访谈法结合使用。观察前可以先进行访谈,这有利于把握观察的大体框架,达成双方相互了解,建立一定的合作关系,使随后的观察能更加自然、顺利地进行。观察过程中可以进行访谈,访谈前最好已经观察积累一定信息,以便通过访谈进一步了解观察中没有获得的工作活动情况。通常情况下是观察后再进行访谈,这样可以集中精力充分观察员工的工作,也减少员工因分散注意力而不按常规操作的可能。

(2) 观察法的形式。由于观察的目的不同,可以选用不同的观察法。按观察者是否直接参与被观察者所从事的活动,可分为参与式观察与非参与式观察。在参与式观察中，观察者亲自参与被观察者的工作，与被观察者建立比较密切的关系，在相互接触与直接体验中倾听和观察被观察者的言行，获取有关的信息。而非参与式观察，不要求观察者直接进入被观察者的工作活动，而是以"旁观者"的身份来了解事物发展的动态。在条件允许的条件下，观察者可以采用录像的方式对现场进行录像。

（3）采用观察法获取信息的要求。观察前必须明确观察的目的和意义，收集有关观察对象的信息，了解工作行为本身的代表性，确定观察对象、时间、地点、内容和方法。观察前应制定详细的观察提纲，简明地列出观察内容、起止时间、观察地点和观察对象，对观察内容进行明确分类。为使用方便还可以制成观察表或卡片。

观察时要做到客观和精确，善于详细记录同观察目的有关的事实，并以此为基础进行整理、分析，概括观察结果，做出结论。为了能更精确地研究员工的心理特征，可以利用照相、摄影摄像、录音设备。尽量使观察环境保持平常自然的状态，注意被调查者的隐私权问题。现场观察时不能干扰工作者的正常工作，尽量取得工作者的理解、合作。为了观察到真实而有代表性的目标，还要尽量隐蔽自己的观察行为。

2.面谈法

面谈法是通过谈话获取人力资源信息的方法。通过面对面的交谈，由工作者讲述工作的内容、特点和要求，用简短的语言说明长期的工作体会和感想，传递信息。

（1）面谈法的特点。面谈法有以下四个特点。

第一，方法灵活。不受任何限制，没有固定的格式，可以一般地谈，也可深入详细地谈，它涉及的问题可能很广，也可能较窄；这种方式的问卷或调查表回收率较高且质量易于控制。其缺点是调查成本比较高，调查结果受调查人员业务水平和被调查者回答问题真实与否的影响很大。

第二，对面谈时间、场所有要求。为了收到较好的面谈效果，面谈时间和场所应该精心选择，特别是不能有外人打扰，坚持"一对一"面谈的原则。

第三，获得信息的真实性需要鉴别。被访谈者在回答问题中，可能有夸大或缩小事实的情况，甚至会扭曲事实，这就要求对面谈获得的信息进行综合分析和鉴别，选择出真正有价值的信息。

第五章 企业人力资源管理的信息化建设与实施

第四，适用于获取较深层次信息。是工作分析中广泛应用的方法，在对工作不能直接观察、对工作不甚了解或工作耗时太长的情况下采用。

（2）面谈法的主要形式。第一，个别访谈。对员工进行的个人访谈。第二，群体访谈。对做同种工作的员工群体进行的访谈，通常用于大量员工做相同或相近工作的情况，可以迅速了解工作内容和职责等方面的情况。第三，主管人员访谈。对完全了解被分析工作的主管人员进行的访谈。

（3）面谈法步骤。面谈法主要有这些步骤：①事先征得员工直接上级的同意，获取直接上级的支持；②在无人打扰的环境中进行面谈；③向员工讲解面谈的意义，介绍面谈的大体内容；④访谈者轻松地开始话题；⑤鼓励员工真实、客观地回答问题；⑥职务分析人员按照面谈提纲的顺序，由浅至深地进行提问；⑦营造轻松的气氛，使员工畅所欲言；⑧注意把握面谈的内容，防止员工跑题；⑨在不影响员工谈话的前提下，进行谈话记录；⑩在面谈结束时，让员工查看并认可谈话记录，面谈记录确认无误后，完成信息收集，向员工致谢。

（4）面谈应注意的问题。面谈时，应该注意以下问题。

第一，选好面谈对象。选择对工作最为了解的员工及最有可能对自己所承担工作的任务和职责进行客观描述的工作承担者，选择职工中的典型代表。

第二，面谈双方建立一种融洽的关系。面谈时应尽快与被访谈者建立起融洽的关系，简要介绍访谈目的，解释访谈对象选择的基本考虑，用通俗的语言交谈，做到尊重人、对人热情、态度诚恳、用语适当，形成一种融洽、轻松的气氛。

第三，设计一份指导性问卷或提纲。面谈时最好按照具有指导性的问卷或提纲提问，确保获得有价值的信息，确保每一个被访谈对象都有机会回答应该回答的问题，必要的关键问题不遗漏。可以设计一些开放性问题，给被访谈者回答问题留有一定的发挥余地。

第四，将偶然发生的工作列举出来。完成工作任务的方式不是很有规律的时候，如工作承担者不是在一天的工作中重复相同的工作时，应当要求工作的承担者按照任务的重要性大小和发生频率高低将它们一一列举出来。这样就可以确保了解到那些虽然只是偶然发生但也同样比较重要的工作内容和职责。

第五，注意修正偏差。有时被访谈者会不客观地反映其职位情况，如把一件容易的工作说得很难或把一件难的工作说得比较容易。这就需要将与多个同职者访谈所收集的信息对比加以校正。

第六，谈话要有技巧。面谈时要避免命令式，采取启发式，引导工作者讨论关键工作问题，避免发表无关的观点和意见，防止转移面谈的中心话题。

第七，谈话内容重点突出。面谈内容应重点突出，在进行一般情况交流的基础上，深入工作重点、难点，获取更多的细节信息。

3. 问卷法

问卷法是指由人力资源部门根据获取信息的需要，制定相关的调查问卷，对员工进行调查的一种方法。调查者把标准化问卷发给员工，员工通过填写问卷来描述其工作中所包括的任务、职责、行为、环境特征等方面的信息。为了了解员工的真实感受，调查问卷可以不署名，但是被调查人的岗位名称等基本材料要填写清楚。

问卷法具有统一、客观、高效的特点，是人力资源信息获取的重要手段之一。

问卷法根据特定的工作、特定的目的来进行问卷设计，对简单体力劳动工作、复杂管理工作均适用，特别是对远距离调查更显其优越性。它既可以测量外显行为，如思想态度、职业兴趣、同情心，也可以测量自我对环境的感受，如欲望的压抑、内心冲突、工作动机等。

问卷法收集信息，成本低，用时少，调查面广，数据规范，适合用计算机进行统计分析。获得信息较为客观，被调查者在不受别人干扰的情况下，可以进行充分考虑，自由地表达意见，比较真实地反映自己的态度和观点。获得的信息全面、有针对性，可在问卷上得到较为满意与可靠的答案。

问卷法使用不当，会影响信息获取的效果。问题含糊不清，不能得到确实的回答；所选调查对象没有很强的代表性，很难真实反映总体情况；问题设计不理想，难以应用统计方法分析和对结果进行科学解释；问卷多为封闭式，不能充分说明被调查者的态度；如果员工的表达能力或理解能力较低，难以收集到准确的信息。

4. 现场工作日记法

现场工作日记法是让员工用工作日记的方式记录每天的工作活动，作为工作活动信息。员工要将自己在一段时间内所从事的每一项活动按照时间顺序以日记的形式系统记录下来，提供非常完整的工作图景，提供其他信息收集方法无法获得的细节信息。现场工作日志法如果与面谈法结合运用，效果会更好，可以了解工作的实际性内容，以及在体力、环境等方面的要求。

5. 功能性工作分析法

以职工所需发挥的功能与应尽的职责为核心，列出需加以收集与分析的信息类别，规定工作分析的内容。工作分析数据有两类：第一，实际工作信息，如工作内容、工作特点；第二，工作承担者信息，如描述工作承担者的特点、要求。其中，工作承担者的特点包括正确地完成工作所必需的培训、能力、个性、身体状况等方面的特点。按上述内容，人力资源工作者可以有针对性地收集信息并加以比较、分类，形成详细的工作说明书与工作规范。

6. 技术会议法

召集管理人员、技术人员举行会议，讨论工作特征与要求。由于管理人员和技术人员对有关工作比较了解，尤其是比较了解工作的技术特征和工艺特征，所以他们的意见对获取有效的工作分析信息至关重要。

为了获取全面、真实、准确、有价值的信息，应从实际出发，根据人力资源信息利用的需求，权衡各种方法的利弊，选择适宜的信息获取方法，拓宽收集信息的渠道，充分利用各种有利条件，多渠道、广泛收集信息。

（三）人力资源信息获取的原则

信息获取是信息得以利用的第一步，也是关键一步。信息获取好坏，直接关系到整个信息管理工作的质量。为了保证人力资源信息获取的质量，应坚持以下三个原则。

（1）准确性原则。是信息获取工作的最基本的要求，即获取到的人力资源信息要真实、可靠。为达到这一要求，信息收集者必须对获取的信息反复核实、不断检验，力求把误差减少到最低限度。

（2）全面性原则。获取到的人力资源信息要广泛、全面、完整。只有广泛、全面地收集信息，才能完整地反映工作活动发展的全貌，为决策的科学性提供可靠依据。

（3）时效性原则。信息的利用价值取决于该信息是否能及时地提供，即它的时效性。人力资源信息只有及时、迅速地提供给使用者才能有效地发挥作用。

二、人力资源信息的整理

人力资源信息建设过程中，既要不断地丰富人力资源信息，同时也要对获得的信息进行整合，通过整理、加工使人力资源信息系统化、有序化。

人力资源信息整理是将收集到的人力资源信息按照一定的程序和方法进行科学加工，使之系统化、条理化、科学化，从而得出能够反映人力资源管理总体特征的信息。人力资源信息整理是信息得以利用的关键，既是一种工作过程，又是一种创造性思维活动。

从各种渠道获得的人力资源信息主要是反映人力资源总体活动的原始信息，比较分散、不系统，仅仅反映工作活动的表面现象，不能深刻地说明工作活动的本质，揭示人力资源活动的发展规律，需要进行进一步加工和整理，发挥信息的整体功能。

整理可以发现人力资源信息收集过程中的不足，以便进行补充收集，为今后的信息收集积累经验。

因此可见，整理决定了人力资源信息的科学价值，能够更好地发挥信息的真正效用，提高信息利用效率和利用价值。

（一）人力资源信息的筛选

筛选是对信息的再选择，表现为对收集到的大量信息进行鉴别和选择，去粗取精，去伪存真，摒弃虚假和无效的信息，提取真实、有价值的信息。

信息筛选是对各种信息进行比较、选择，淘汰无用或价值不大的信息。选择与人力资源管理密切相关的信息，选择带有导向性的重要信息，选择与工作活动紧密相关的信息。

信息筛选对提高信息的利用率起着至关重要的作用，必须掌握信息筛选的要求。用科学的态度与方法进行筛选。注意挑选对人力资源活动有指导意义、与业务活动密切相关的信息；注意挑选带有倾向性、动向性或突发性的重要信息，分析信息需求，结合中心工作或解决特定问题的需要筛选信息；注意挑选能预见未来发展变化趋势，为决策提供超前服务的信息；坚持信息数量和质量的统一。

要依据一定标准判断信息的价值。判断标准是：适用性，看所获得的信息是否合乎需要；时效性，看信息是否已过时，过时的信息会大大减小其效用；可靠性，看信息是否真实、全面地反映人力资源管理活动的本质特征；简明性，简明扼要的信息能够抓住问题的实质与关键。

（二）人力资源信息的分类

收集的人力资源信息要进行归纳分类，根据信息自身的特征将同一种类的信息集中在一起，方便查找使用，为信息加工打下基础。

1. 分类的程序

人力资源信息的分类过程包括辨类和归类。

（1）辨类。对人力资源信息进行类别的分辨。辨类实际上是对人力资源信息进行主题分析，分辨其所属类别的过程。通过辨类，把有关信息归入分类体系中的相应类目。

（2）归类。人力资源信息经过辨类，要进行归类。归类是从主题分析转换成分类存放，即依据辨类的结果，使人力资源信息在分类体系中各就各位的过程。在归类中，由于信息可能从不同的角度反映和表现不同的主题内容，为了便于有效地利用，有必要使用多种检索工具进行多角度揭示。

2. 分类的方法

对人力资源信息进行分类是为了在使用中便于存放和查找，提高信息利用的效率。要根据组织的工作特性，以及信息的相互联系、特点和保存价值，慎重选择适宜的分类方法。

（1）字母分类法。按照字母的排列顺序分类。通常是按姓名、单位名称、信息标题等的字母顺序分类组合。按字母排列的规则是：按第一个字母顺序排列前后次序；第一个字母相同则按第二个字母顺序排列，依次类推。第一个字母表示文档在文件柜中存放位置最初的索引，第一个字母以后的字母决定文档的准确位置。字母分类法的特点是，不需要索引卡片，分类规则容易掌握，操作简单，查找比较方便，能与其他分类法结合运用。

（2）数字分类法。指将信息以数码排列，每个人或每一专题给定一个数码，用索引卡标出数码所代表的类别。索引卡按所标类目名称的字母顺序排列，放在索引卡的抽屉里。当要查找信息时，先从索引卡中按字母顺序找出姓名或专题名，得到信息的数码，在相应的文件柜中找出标有该数码的案卷。为了更方便查找，可编制按姓名字母顺序排列的索引，每个姓名对应一个数码。

在计算机日益广泛应用的今天，数码分类法越来越受到人们的重视，它简便易行，适于电脑储存。

（3）主题分类法。按信息内容进行分类的方法，主要根据信息标题或主题词分类。主题分类法使相关内容信息材料集中存放，可以方便检索。为了全面、准确地反映主题，便于利用，可以按多级主题分类。信息最重要的主题名称作为首要因素，次要的主题作为第二个因素，依次类推。可用最基本的分类导片标示出各类信息的主题内容，各主题之间根据字母顺序排列。主题分类法的特点是，相关内容信息集中存放，信息能按逻辑顺序排列，方便检索。

（4）时间分类法。按信息形成日期先后顺序分类的方法，要以年月日的自然顺序排列。如果信息的形成日期相同，则按信息内容的重要程度排列。时间分类法可与其他方法结合运用。时间分类法的特点是：可用作大型信息系统的细分；一个案卷内部的信息可按时间排序。

总之，人力资源信息分类方法很多，不同类型的信息有不同的分类方法，采用何种分类方法，应根据人力资源管理活动的需要确定。

三、人力资源信息的存储

人力资源信息存储是对整理后的信息进行科学有序的存放、保管，以方便使用。它包含两层含义：一是将整理加工后的信息，按照一定规则，记录在相应的信息载体上；二是将各种信息载体，按照一定特征和内容性质组成系统有序的、方便检索的集合体。

（一）存储的特性

（1）价值性。人力资源信息内容丰富、数量庞大。选择有使用价值的人力资源信息进行存储，可以减少人力、财力、物力的消耗，提高信息工作质量。

（2）时效性。存储人力资源信息要按其内容确定存储期，对已过期信息要及时进行调整和清理。

（3）科学性。存储人力资源信息要尽可能地采用现代化的手段，逐步淘汰容量小、密度低的存储手段，采用容量大、密度高的现代化存储手段；要对信息进行科学分类存储；在信息管理中，信息存储的方式、分类的体系要便于更新；运用科学的保管方式，防止信息的损坏、失密。

（4）方便性。存储人力资源信息要为检索服务，有利于检索工作的进行。要满足检索方便、输出迅速、使用及时的需要，保证信息存储的系统性和完整性，便于利用。对信息的存放、排列、存放处的检索工具的编制，必须考虑使用时的方便。

（5）安全性。人力资源信息是组织的重要资源，存储的信息不能发生丢失和损毁。不仅要注意采取先进的保存技术保护信息，而且要做到防潮、防虫、防火、防损，注意计算机信息安全。

（二）存储的程序

信息存储是一个信息不断积累和规范化、科学化的过程，主要由登记、编码、存放排列、保管等工作环节构成。

（1）登记。登记即建立信息的完整记录，系统地反映存储情况，便于查找和利用。

（2）编码。为了便于信息的管理和使用，适应电子计算机处理的要求，对登记储存的信息要进行科学的编码，使之科学化、系列化。信息编码必须标准、系统化，满足管理的需要和利用者的要求，结构易于理解和掌握，有广泛的适用性，易于扩充。

信息编码的方法有：顺序编码法，按信息发生的先后顺序或规定一个统一的标准编码。可按数字、字母、内容的顺序排列编号。分组编码法，利用十进位阿拉伯数字，按后续数字来区分信息的大、小类，进行单独的编码。左边数码表示大类，而向右排列的每一个数码，则标志着更细的小类。

信息编码应具有逻辑性强、直观性好的特点，尽可能使用通用符号。编码要充分考虑组织信息的发展空间，保持编码的系列性。符号和数码的排列要体现有机联系，形成系列，便于掌握和使用。

（3）存放排列。存放排列有以下四种方法。

第一，时序排列法。按照接收到信息的时间先后顺序排列，即按信息登记号先后顺序排列。时序排列法简便易行，但分类不清，不便于按照内容查找信息。适用于信息不多、服务对象比较单纯的组织。

第二，来源排列法。按照信息来源的地区或部门，结合时间顺序，依次排列，便于查找信息源。

第三，内容排列法。按信息所反映的内容分类排列，可依据信息分类号码的大小排列。

第四，字顺排列法。按信息的名称字顺排列。

（4）保管。保管是对信息的保护和管理，是对经过整理的信息进行的日常维护、保护性管理工作。信息保管工作的基本任务是：维护信息的实体秩序状态，使信息的存放和使用始终有序，使信息在存放和使用中不受人为或自然因素的损害。保管关系到信息的安全、完整和使用寿命。

信息保管的内容主要包括：合理确定人力资源信息保存时间，做好日常保管，做到防火、防潮、防高温、防虫害、防失密、防泄密，定期或不定期地进行清点，加强维护管理，及时发现和解决存储中的问题，及时更新、不断扩充新的信息。

四、人力资源电子文件信息的积累

（一）电子文件积累的必要性

（1）防止草稿性电子文件的自生自灭。电子文件常常自生自灭，处于可有可无的散乱状态，随时间的流逝逐渐丢失。电子文件的多用途快速检索、传递及同时满足多用户的优势得不到充分体现，造成资源的浪费。而且，在一些草稿性电子文件中，包含着许多重要的修改过程信息，具有查考价值，应列为归档内容进行保存。对工作中形成的草稿性电子文件，应根据文件的重要程度和文件管理水平确定是否保留，以便充分发挥其价值作用。

（2）加强辅助性电子文件管理。组织在信息化建设过程中，仍然以纸质文件作为正式文件，但已开始把电子文件作为辅助性文件使用。既通过网络发送电子文件，提高信息处理效率，又按正常程序发送纸质文件，确保信息的真实性。但是，一旦纸质文件到位，电子文件就常常处于无人管理的状态。这些辅助性电子文件的数量比较大，导致一些组织由于电子计算机系统的存储容量不够，为了接收新的电子文件而清除部分原来的电子文件，甚至随意进行电子文件的更改、删除，使其真实性、完整性受到影响。应将辅助性电子文件妥善管理，并与正式文件建立对应的标识关系，以备将来作为数字化信息开展网上利用。

（3）便于电子文件的保管。很多组织把在计算机办公或事务处理系统中形成的电子文件，直接存储在硬盘存储器上，一旦系统出现故障或被病毒感染，就容易造成数据的损失。因此，必须在电子文件生成时，就注意对电子文件的收集积累，随时备份，并脱机保存于耐久性的载体上。保留电子文件的同时，特别要注意收集积累电子文件形成的设备环境数据，避免系统被毁导致其生成的电子文件难以读取。

（二）电子文件的积累范围

电子文件的形式有文本文件、图形文件、图像文件等。要按照电子文件收集的有关规定，根据电子文件的特性进行收集积累。收集积累对日后工作有查考利用价值的电子文件，收集积累电子文件的软硬件系统设备材料。对未列入接收归档范围的电子文件，有的也需要收集。因为有时需要针对某方面内容进行补充归档或扩大归档。这就需要了解未列入接收归档范围的电子文件形成、承办情况，及时主动收集。

（三）电子文件的积累过程和方法

使用载体传递的电子文件的收集积累，应及时按照要求制作电子文件备份，使之保持常新的状态，防止信息丢失。每份电子文件均需在电子文件登记表中进行登记、签署，并将其与电子文件备份一起保存。如已将电子文件登记表制作成电子表格，应与文件备份一同保存，并附纸质打印件。对需要更改处理的，要填写更改单，按更改审批手续进行，并存有备份件，防止出现差错。

在网络上进行的电子文件的收集积累，由于记录系统设计有自动记录的功能，可以自动记载电子文件的产生、修改、删除、责任者、入数据库时间等相关内容。在进入数据库之间，对记录有文件标识的内容进行鉴定。

第四节 人力资源管理信息化的开发应用

信息技术的发展日新月异，引导着信息时代人力资源管理的新模式，对人力资源管理工作提出全新的挑战、全新的思维和更高的要求，产生了不可低估的影响。人力资源管理的各项功能逐渐采用计算机技术，采用现代信息技术已成为人力资源管理的发展趋势。

一、信息技术的广泛应用

迄今为止人类所经历的重大技术革命中，农业革命使人类社会从游牧社会过渡到农业社会，工业革命又使人类社会实现了从农业社会向工业社会的成功跨越，而目前正在进行的信息技术革命日益广泛和深刻地影响着经济增长方式、产业结构、市场结构、就业结构、消费结构乃至人们的生活方式与社会文化的各个方面，把人类社会从工业社会推向信息社会。信息社会最具代表性的特点是信息技术的广泛应用。

计算机技术与现代通信技术一起构成了信息技术的核心内容。通信技术迅猛发展，从传统的电话、电报、收音机、电视到如今的移动电话、传真、卫星通信，已成为办公自动化的支撑技术。人们利用现代通信方式使数据和信息的传递效率极大提高，使过去必须由专业的电信部门完成的工作，可由行政、业务部门办公室的工作人员直接方便地完成。计算机技术同样取得了飞速发展，体积越来越小，功能越来越强，计算机广泛应用于各个领域。企业管理信息系统的建立促进了企业管理科学化、现代化；计算机文字处理系统的应用使人们改变了原来的工作方式；光盘的使用使人类的信息存贮能力得到了很大程度的延伸，出现了电子信息；多媒体技术的发展使音乐创作、动画制作等成为普通人可以涉足的领域。

现代信息技术的发展远远超出了人们的想象。以计算机和网络技术为平台，信息技术使人类社会走向信息时代，极大地改变了人类的实践、交往方式，为人类提高自身实践的效率与效益提供了全新的手段。在现代信息技术支持下，世界变成了"地球村"，人们的时空观念、思维模式、工作与生活方式都发生了巨大变化。

现代信息技术的发展使整个世界发生巨大的变革，也对传统的人力资源管理理念和管理方式产生巨大的冲击，给人力资源管理带来巨大的变化，使人力资源管理呈现管理对象信息化、工作方式电脑化、服务方式网络化、形成信息多样化等特征。可以预见，社会变革和技术进步必将进一步全方位地改变人力资源工作的面貌,从管理对象到管理范围、管理手段、管理方式、管理体制。

在当今高度发达的信息社会,人力资源管理正面临着空前的机遇与挑战。现代信息技术,特别是计算机和通信技术的发展是推动人力资源管理信息化前进的必要条件。信息技术在人力资源管理中的应用不仅为人力资源管理活动提供了有效的工具,而且这些新技术进入人力资源管理领域后,为人力资源管理增添了新的内容。网络招聘、网络培训、网络测评,为人力资源管理注入了新的活力。

在今天的网络化时代,必须认识到人力资源管理网络化的趋势,适应时代的要求,及时改革人力资源管理体系,使电脑和网络成为人力资源管理借助的主要手段,利用网络信息技术为人力资源管理搭建一个标准化、规范化、网络化的工作平台,构成全方位的管理功能,节约管理成本,使管理上一个新的台阶,获得竞争优势的支撑点。

随着社会经济的发展和计算机的普及,信息技术越来越广泛应用于人力资源管理,人力资源管理正经历着一场深刻的变革,改变传统的人力资源管理模式,从而构造现代人力资源管理的新体系。

二、计算机辅助测评的应用

以计算机辅助测评技术为手段的测评方法,在人才选拔、人力资源开发与管理等领域,逐渐显示出越来越高的应用价值和广阔前景。

信息化为人格、能力的提升提供了进一步发展的可能性,带动人才测评理论与方法的变革,也促使计算机辅助测评蓬勃发展,测评应用软件、系统仿真软件、个性测评系统不断问世并投入使用。计算机辅助测评的应用价值逐渐被人们所认识,并得到了日益广泛的应用。

正确地选择和用人,是激烈的竞争中取胜的关键。作为一个合格人才,既要精通专业知识,也要具备忠诚敬业、心理健康、责任感、管理能力、协调能力、创新能力等一系列综合素质。这就要求人力资源部门用现代人才观和科学的方式甄选人才,不再局限于通过传统的面试、面谈、翻阅档案等方式,凭主观和经验判断评价人才,而是利用心理学和行为学的科学成果,运用计算机技术,对人才进行测评,达到客观、真实、有效地甄选人才的目的。

可以通过计算机辅助测评，为人才预测与规划、培养与使用、配置与管理提供依据。

进行计算机辅助测评要选好测评对象，根据测评人员或单位情况及其要求，确定适应的测评项目和方法。在组织实施测评的过程中，对于测试要求简单的测评，依据测评的名称、所定制的试题、参加测评的具体人数、测评的开始时间和结束时间，开通测评项目，进行人机对话的测试。对于较为复杂的测评，简单的人机对话式的测试不能满足测评要求，需要进行情景模拟测试，还需要有专门人员对被测评者进行操作上的指导。测试完成，要对测评结果分析评价，并出具评价报告书。测试报告的基本内容有：测评机构和测评说明；被试者的个人信息，包括编号、姓名、性别、年龄、教育程度、岗位、职务等；测评项目，多个测评项目需要按顺序排列；测评结果展示；书面的测验结果分析；总评；专家复核意见；报告撰写人和复核人及日期。

随着人才测评工作的不断深入，计算机辅助测评技术作为一种人才识别和评价的科学手段，以其定量测试为基础与定性分析相结合的显著特点，在人才选拔招聘中越来越被人们所重视。

随着信息化的发展，人才测评工作必将接受信息技术的改造，逐渐向计算机辅助测评过渡。计算机辅助测评有着新的特点和应用，其主要优势体现如下。（1）经济性。计算机辅助测评集小组讨论、公文处理、结构化面试等测评方法于一体，具有强大的数据处理和情景模拟能力，模拟现实中的诸多测评方法，使测评能够随时随地大规模进行，节省大量人力、物力、财力、时间，降低了测评的经济成本。

（2）简易性。计算机辅助测评可以将复杂的测评要素、项目经过科学提炼、归纳，使之简单化、科学化，更容易操作和评价，实现测评设计的复杂性与测评结果的简洁性的统一。

（3）科学性。计算机辅助测评获得的大量数据，用统一的数据库进行管理，为不断提高测评的信度和效度，提供强有力的数据支撑。网上测评能够随时检测信度和效度，确保测评数据的科学性与准确性，克服主观因素的影响。使测评结果真实可靠，提高测评和分析的质量。

（4）实效性。计算机辅助测评能够在人机的互动中实现测评。既可以集测评与评价于一体，在测评之后直接呈现测评结果，也可以实现测评与评价

第六章 人力资源管理与战略劳动的关系探析

第一节 劳动关系管理与战略劳动关系管理

一、劳动关系管理

（一）劳动关与劳动关系管理

劳动关系，如权利关系和利益关系，是在劳动过程中形成的一种关于劳资主体双方的社会关系，包括以下三方面的内容：①学术建设。劳动关系隶属于社会科学，旨在提升研究的严谨度和高质量，以加深对雇佣关系的理解。②解决实际问题。其主要目的在于确保雇佣关系的良好运行，具有强烈的问题导向，问题解决的主要途径在于宏观上制定管理制度与政策设计，微观上借鉴管理经验。③道德规范。主要指的是员工行为和雇佣关系要在劳动关系较强的规范原则指导下进行，更加凸显员工"人"的属性和人权主义，更加重视劳资双方的相互依存、相互尊重，也更加强调实现员工与组织共同发展这一劳动关系的终极管理目标。

经过长期的积累与沉淀，不同时期的学者提出了不同的关于劳动关系的理论，也因此开展了一系列相关活动。但从现实层面来讲，直到20世纪初，美国才率先提出了劳动关系、人力资源管理等概念。到了20世纪20年代，经过了劳动关系和人力资源管理概念的缓慢发展期，劳资关系开始在各个领域推广应用，并在之后，将劳动关系和人力资源管理两个概念纳入劳资关系范畴。作为其中的重要组成部分，劳动关系从员工的立场，分析打破产业平衡发展的问题，其重点在于满足员工的实际需求和发展目标，在平衡工人与雇主力量方面，保持通过谈判来实现目标的希冀。20世纪60年代之后，出现了人力资源和人力资源管理概念，并得到了广泛普及和应用，也是在同期，得益于人力资源管理实践和理论的推广，使得人力资源管理得以从劳资关系中脱离出来，成为一门与劳资关系平等的单独学科。

（二）劳动关系管理与人力资源管理

1. 劳动关系管理与人力资源管理的区分

劳动关系管理与人力资源管理的不同点主要体现在如下方面。（1）在劳动问题的解决上，人力资源管理的问题解决者是雇主，劳动关系管理则是劳资双方。

（2）在雇佣问题的看待上，人力资源管理是内在视角，劳动关系管理是外在视角。

（3）从目标来看，人力资源管理目标是效益/效率，劳动关系管理则是组织效益/效率与员工福利的结合。

（4）从利益的角度来看，人力资源管理旨在建立雇主与雇员之间的利益共同体，而劳动关系管理则是解决利益冲突。

（5）从冲突的角度来看，人力资源管理认为管理实践可以有效减少冲突，因为冲突具有可避免性，而劳动关系管理则认为冲突具有不可避免性，因而需要借助第三方强制干预。

（6）从管理人员的定位来看，对于人力资源管理而言，它是管理成果的主要贡献者，对于公共关系管理而言，它的存在并不是必要选择，甚至限制着公共关系管理。

社会关系中，劳动者、劳动者的使用人，以及相关组织之间关于劳动力的雇佣关系统称为劳动关系，对劳动关系进行管理主要是使微观角度的企业劳动关系过渡到宏观角度的国家劳动关系管理。

2. 劳动关系管理与人力资源管理的联系

雇佣关系的出现与发展，为分析和研究劳动关系管理和人力资源管理提供了三个不同的视角——雇主、员工和社会,并且每个研究视角都有不同的侧重点。人力资源管理是站在雇主视角,其目的在于为实现企业经营效率和经济效益而寻找问题解决方法。与人力资源管理不同,劳动关系管理是三种解决方案的总和,它从劳动关系管理的价值出发,提出了客观中立的基本原则。对于劳动关系管理而言,虽然它高度认可雇佣关系的重要主体是雇主,但同时也强调"员工视角"(强调通过工会和集体谈判来调整雇佣关系的重要性)和"社会视角"(强调通过社会保障来调整雇佣关系),因此,劳动关系管理具有组织效率的目标性和保护员工合法利益的基本性双重属性。无论是劳动关系管理,还是人力资源管理,都将分析和解决工作场所中的雇佣问题作为目标,因此,在对劳动关系的调整上,二者具有明显的互补作用。

总而言之,雇主、员工和社会三种解决问题的方法的总和就是劳动关系管理,以客观中立为价值出发点;若是以雇主视角来探索问题解决方案,以企业利益的维护为出发点,则是人力资源管理的集中体现。

二、战略劳动关系管理

(一)战略劳动关系管理的原则与价值

1. 战略劳动关系管理的一般原则

战略是企业确保自身运营活动始终保持均衡状态的策略调整,是企业对自身全局性、决定性、可持续发展做出的远大规划,主要表现为企业在竞争环境中的取舍。而战略劳动关系管理是企业采取的有计划、战略性劳动关系部署和管理行为,其目的在于实现企业自身的战略发展目标。战略劳动关系管理要坚持四大基本原则。

(1)夯实利益相关者的战略性地位,因为这是企业提升自身核心竞争优势的重要保障。

(2)健全劳动关系管理最优实践的系统化,即优化管理政策、实践、方法与手段等构成的战略系统。

(3)完善劳动关系管理最优实践的契合性,主要包括纵向和横向两个维度。

(4)确保劳动关系管理目标的一致性,组织绩效最大化和企业及员工的长远共同发展是劳动关系管理的最终目标,因此要将劳动关系与组织经营系统结合起来。

除此之外，寻求实现有效管理企业劳动关系的方法，以提升竞争优势、提高企业绩效，实现企业和员工长远发展的目标是战略劳动关系管理研究的问题核心。

2. 战略劳动关系管理的价值观念

在妥善解决战略劳动关系管理研究的问题核心——寻求实现有效管理企业劳动关系的方法，以提升竞争优势、提高企业绩效，实现企业和员工长远共同发展的目标的过程中，要始终坚持两大核心价值观念。

（1）劳资关系的客观存在是劳资双方之间相互依存的内在联系。

（2）和谐劳资关系的基本前提是劳资双方之间的相互尊重。

除了两大核心理念，战略劳动关系管理还要遵循"三合"的基本原则。一是合法。合法就是劳动关系管理要在符合国家相关的法律法规的前提下进行。二是合情。合情就是劳资双方相互尊重、相互依存的内在联系是劳动关系管理实践的基础，只有坚持互尊互爱的人本主义，对企业的利益相关者——员工，进行人性化动态管理，才能使企业的平滑性和可预见性得到保证，才能有效化解劳动争议，有效降低劳动冲突概率，推动健康和谐劳动关系的建立。三是合理。合理侧重于强调劳动关系管理的科学性，通过提高企业的经济运行效率，使企业的竞争优势更加凸显，从而对组织的可持续发展发挥积极作用。

（二）战略规划中的管理者

1. 高层管理者

从责任归属的层面来讲，高层管理者承担着制定战略规划的责任，这是由错误的战略规划所引发的性质恶劣的连锁反应所决定的，通过寻求有效匹配公司优势和劣势与外部机遇和威胁的方法，来稳定和提升公司的竞争优势是公司战略规划的本质，这是高层管理者不容推卸的责任和使命。同时，高层管理者还享有一定的决策权来明确公司的经营领域，以及依靠什么进行竞争。

2. 部门经理

部门经理是公司组织架构中的核心构成，是公司销售规划、生产计划、人员招募与培养计划等战略规划制定、实施和管理的主要参与者，既承担着辅助高层管理者制定公司整体战略规划和部门年度发展计划的重要职能，同时更是履行这些职能的主要决策者。

（1）帮助组织制订战略规划。对于任何一位高层管理人员而言，在制定战略规划时忽视下一层级管理人员的意见，都是一种十分不明智的行为。没有人比公司各部门的经理更了解公司所面临的竞争压力、外部供应商的能力、产品和行业发展的趋势，以及员工的能力和关心的问题。在实践中制定战略规划时，公司各级管理人员之间几乎不可避免地会召开大量会议并开展多次讨论。组织的高层管理人员在很大程度上要依赖这些通过互动所获得的信息来制定公司的战略规划。理解战略管理的过程有助于更好地了解将来应当怎样做好召开讨论会的准备,战略规划的核心是收集有关公司自身的优势、劣势，以及所面临的机遇和挑战方面的信息。从人力资源的角度，人力资源经理有很好的条件来为公司战略规划的制定提供竞争方面的信息，如有关竞争对手的奖励计划的细节，能够获取客户抱怨信息的员工意见调查，以及即将实施的劳工立法等方面的信息都是这样的一些例子。当然，人力资源经理还应当掌握公司当前员工的优势和劣势等方面的信息。

（2）制定支持性的职能战略或部门战略。除了帮助高层管理人员制定总体战略规划，人力资源部门管理者还必须将组织所做出的战略选择（如成为创新领袖）转化为职能层面的战略。竞争战略的实现常常有赖于训练有素的、具有较高组织承诺度的员工，而这恰好说明了为什么许多管理者都确信，员工的能力和动机代表了一种不可或缺的竞争优势。可以看出，人力资源也是一种竞争优势。

（3）实施战略。如果说高层管理者在制定战略规划时忽视更低层级上的管理者的建议非常欠妥当的话，那么没有公司其他各级管理者及员工的积极协助，他们更不可能确保战略的执行。除非是在规模非常小的公司，否则没有哪个公司的高层管理者可以自己做完所有的事情，他们通常都在细心把关的情况下，依靠自己的下级管理者来履行为执行组织以及各个部门的战略和目标而需要实施的计划、组织、人事、领导和控制等方面的职能。

人力资源管理部门为确保战略实施成功，需要做的工作是帮助企业选择高层管理人员团队、确保高层管理者的领导力、与员工就变革进行有效的沟通、留住关键人才，以及文化统一等。

（三）我国战略劳动关系管理的发展策略

我国的战略劳动关系管理策略就是要走规范有序、互利共赢、和谐稳定的社会主义新型劳动关系道路，就是要从宏观层面上及时对工作重心做出调整，而最重要的一点就是要转变传统管理观念，实现重劳动争议处理的滞后性、轻发挥三方协调机制作用，重劳动关系标准化、轻劳动关系非标准化，重公有劳动关系的调整、轻其他劳动关系的观念向新型劳动关系观念的转变。

优化战略劳动关系管理的发展策略，是适应我国劳动关系管理发展进程的必然选择，具体来讲，就是要重点关注影响劳动关系管理的各个细节，如建立、运行、监督、调节等，就是要有序推进集体协商工资制、基层劳动关系协调制、工会组织维权机制的完善，就是要健全利益协调机制、矛盾调处机制和权益保障机制，从而从制度上保障中国特色社会主义劳动关系管理体系的建立与创新。

第二节 企业的招聘管理

一、工作分析

工作分析是指全面了解、获取与工作有关的详细信息的过程。具体来说，是对组织中的某个特定职位的工作内容和工作规范（任职资格）的描述和研究的过程，即制定工作说明书的系统过程。

工作分析的过程主要从两个方面出发。一方面是对工作进行的研究，即工作本身；另一方面则是对从事工作的工作人员的特性所展开的研究，需要研究此工作人员能够胜任岗位所需具备的条件等，即任职资格研究。对工作本身的研究主要包括对职位设置目的的研究，对职位工作人员所需承担的工作任务与职责的研究，对各个职位之间关系的研究等。对任职资格的研究则主要是指通过对收集该职位各个方面的相关信息进行分析，包括职位的任务、职位的职权、职位的工作条件、职位的认知资格等，来明确规定该职位的工作以及工作所需的条件、行为、人员等环节。最后通过工作的分析需要形成一系列工作规范以及对工作的描述，对于人力资源管理和开发来说这也是必不可少的一个过程。

工作分析是一个多层次、多种类、适应面广的管理技术。实际中因工作分析目的、工作分析对象的差异形成了许多不同的工作分析方法，下面主要介绍常用的四种方法。

（1）访谈法。访谈法就是指职务分析方面的专家对被分析职务的工作人员展开的面对面谈话，谈话内容主要包括工作的目标与内容、工作的性质与范围、工作所需掌握的知识与技能等。通过访谈应该得到与该职位相关的信息，主要包括：该职位对企业的作用；该职位的报酬；对该职位的工作应该如何进行评价；该职位的任职条件及主要工作等方面。除此之外，为了使得到的资料真实有效，对于同一工作的工作分析来说，企业应随机抽取多名该职位工作人员进行访谈，力求真实。

因为访谈法需要具备一定的技巧与技能，所以职务分析专家都需要接受专业的训练。但是这也使得这种方法存在成本较高、耗时较多等问题，并且谈话效果易受谈话双方的谈话技巧所影响。因此，在访谈的过程中应注意：用真诚热情的态度面对被访谈者；尊重被访谈者，语言要恰当；通过营造良好的氛围使被访谈者放松心情；访谈过程中需要做适当的引导与启发，避免发表个人观点等。

（2）问卷分析法。在一定的时期内，通过向选定的员工分发设计好的问卷，以获得相关信息的方法便是问卷法。大多的职务调查由职务的工作者填写基本信息，包括工作的内容、工作时间上的要求、工作的环境、工作的劳动强度、工作执行者所需要掌握的知识技能等。

常用的问卷法主要包括两种，一种是适用于各种职务，内容较为普遍；另一种是专门适用于特定工作职务。除此之外，通过问卷内容的不同还可以将其分为职务的定向问卷和人员的定向问卷，职务的定向问卷主要强调的是工作本身所具有的条件与结果，而人员的定向问卷则更多注重于了解员工的日常工作方面。

（3）观察法。直接观察方法用于标准的、工作周期短的体力劳动，如自动流水线上的员工、保险公司的档案人员及仓库保管人员所进行的工作。工作分析人员在从事这些工作的人员中挑选出一个有代表性的进行观察。观察法通常不适用于涉及重要的脑力劳动的工作，如科学研究者、律师或者是数学家的工作。观察的技巧要求训练工作分析人员观察与工作相关的行为。在进行观察时,为了尽可能避免唐突,工作分析人员必须站在一旁以便工作人员进行工作。

(5)工作实践法。通过工作分析者自己从事所要研究的工作,在工作的过程中便能掌握到有关此工作的相关信息与资料,最后能够深入了解此工作的主要内容、任务、环境等方面的要求。但是这种方法不适用于一些较难完成的工作或存在一定伤害的工作,仅适用于短期内能够掌握的一些简单工作。

二、员工招聘

员工招聘其实就是为企业中的空缺职位寻找合适工作人员的过程。事实上,员工招聘的实质是为了让那些具有实力与能力的潜在合格人员对空缺的岗位产生兴趣并主动前来报名应聘。

(一)员工招聘的一般原则

人员招聘除了要为组织招聘到符合标准的员工,还是一项经济活动,同时也是社会性、政策性较强的一项工作。因此,在招聘中应坚持以下原则。

(1)公开原则。组织应将招聘方案和所要竞争的工作岗位、职数、任职条件,以及程序方法等予以公布。将招聘单位、种类、数量,报考的资格、条件,考试的方法、科目和时间,均面向社会公告周知,公开进行。一方面给予社会上的人才以公平竞争的机会,达到广招人才的目的;另一方面也使招聘工作置于社会的公开监督之下,防止招聘工作中的暗箱操作等不正之风。

(2)平等原则。平等原则就是指对于所有报考应聘的人员需要做到公平公正、一视同仁。不可以人为地制定各种不平等条件及优惠的政策,需要公平地通过考核与竞选来选拔人才。创造出一个公平竞争的环境,设置严格的标准、科学的方法来对候选人进行一系列测评,最后通过测评的结果来确定人选。这样一方面可以选出真正优秀的人才,另一方面有利于企业内员工的进步,避免管理者的主观片面性。

(3)互补原则。在企业中对于人才的管理与使用上,除了要考虑人才的个体能力,还需要考虑人才群体的能力与协调力。因为人才也并不是没有弱点可言的,他们也只是在某一方面有突出的表现,在其他方面可能也存在缺点。所以为了将所有人才的优点都发挥到极致,在配置方面必须遵循人才互补的原则,将各个方面的人才聚集到一起,取长补短,互相学习,共同进步,并协调好彼此间的工作，为其创造出放松的工作环境。

（4）择优原则。择优对于招聘来说便是最根本的目的。只有坚持择优，才能够为企业与单位中的工作岗位选出最适合的人才。因此，必须要采取考试的考核方法，通过一系列的精心筛选，来选出最优秀的人员。

（5）能级原则。能级原则是指将人的能力与岗位相适应。这里所说的"能"，就是指能力、才能、本事；所说的"级"，就是职位、职务、职称。员工招聘录用应当以提高企业效率、提高企业竞争力、促进企业发展为根本目标，为企业人力资源管理确立第一基础。招聘工作，不一定要最优秀的，而应量才录用，做到人尽其才。用其所长、职得其人，这样才能持久、高效地发挥人力资源的作用。

（6）效率原则。效率原则是指根据不同的招聘要求，灵活选用适当的招聘形式，用尽可能低的招聘成本录用到合格的员工。选择最适合的招聘渠道、考核手段，在保证任职人员质量的基础上节约招聘费用，避免长期职位空缺造成的损失。

（二）内部招聘与外部招聘

不同企业的招聘过程不可能完全相同，但通过长期的研究发现，在招聘过程中普遍遵循着一个一般过程，这一过程是从人力资源规划中引申出来的。招聘进程的长短取决于职位的类型，而且，职位空缺长短反映了它对应聘者的选择程序的复杂性，而不是说这一职位不易吸引应聘者。人员招聘大致可分为招募、甄选、录用、评估四个阶段。

1. 内部招聘

（1）内部招聘的源头。进行内部招聘的源头从形式上说一般分为四种。一是下级的员工，他们通过晋升的方法来获取相关岗位；二是相同职位的员工，他们通过工作调动或者轮换的方式完成岗位的填补；三是上级的员工，一般通过降低职位来填补空缺岗位；四是临时工转正。不过在实际的内部招聘方式中，很少会用到第三种方式，所以最主要的还是一、二、四三种方式。

使用晋升的方式来填补职位空缺，有利于调动员工的积极性并有助于其个人的发展；工作调换就是在相同或相近级别的职位间进行人员的调动来填补职位空缺，当这种调动发生不止一次时，就形成了工作轮换，这种方式有助于员工掌握多种技能，提高他们的工作兴趣，但是不利于员工掌握某一职位的深度技能，会影响工作的专业性；临时工转正的方式也不失为一种很好的选择，但是要注意避免过度使用不成熟人才现象的发生。

（2）内部招聘的方法。内部招聘的方法主要有两种。

1）工作公告法。这种招聘方式是最为常见的内部招聘法。这种方式一般会向职员公告出空缺的岗位，最终吸引职员来填补空缺的岗位。在公告中要有空缺岗位的相关信息，比如，工作内容、资历要求、职位要求、工作时长和薪资待遇等。在发布工作公告的时候还应该考虑到，公告的出现位置应该在较为显眼的地方，让每一个企业员工都能看到公告；公告滞留的时间要在一个月左右，让外出出差的工作人员也能及时了解到相关信息；凡是申请了职位的工作人员都能收到回馈信息。

2）档案记录法。一般企业的人力资源部都会有每一个员工的资料简历，里面包含了员工的教育、专业技能、工作经验、成绩和指标等信息，而企业的高管人员就可以通过这些信息鉴别出符合岗位要求的职员。运用这种方法进行招聘的时候，要考虑以下问题：一是员工的档案资料必须都是真实有依据、覆盖面广且比较详细的，由此才有可能甄选出高素质的人才；二是决策出相关人员之后，要考虑本人的意见和想法，看其是否有调配的意愿。随着时代的发展，各项技术逐渐成熟，越来越多的企业有了相关的人力资源信息部门，对职员个人信息的管理也越来越规范，所以档案记录法的招聘成果和效益会逐渐提高。

（3）内部招聘的具体措施：①临时人员的转正。企业有时可以把临时工转为正式工，从而补充空缺职位。但在实施临时工转正时，要以能力和绩效为导向，只有那些能力强、符合岗位需求的人员才可以转正；同时，在临时工转正时要注意相关的人事管理政策和法律规定，避免触犯法律。这种内部招聘的方式本身就是一种重要的员工激励方法。②返聘或重新聘用。返聘或重新聘用也是一种内部招聘的方法。但需要注意的是，这时需要以能力、经验为标准作为返聘的依据。如果因为权威、资历等其他因素而对相关人员实施返聘，有时反而不利于工作。所以，对于企业的返聘工作，首先要有一套相应的管理制度；其次是要对返聘人员进行良好的选择、组织、协调和管理，如何激励和管理返聘人员是其中的难点和重点。

2. 外部招聘

（1）外部招聘的来源，相比内部招聘，外部招聘的来源相对就比较多，

第六章 人力资源管理与战略劳动的关系探析

主要有以下来源。

1）学校。学校是企业招聘初级岗位的重要来源，在中学和职业学校可以招聘办事员和其他初级操作性员工，在大学里则可以招聘潜在的专业人员、技术人员和管理人员。由于学生没有任何工作经验，因此让他们接受企业的理念和文化相对比较容易。

2）竞争者和不同公司。一些要求具备一定工作经验的岗位，同行业的竞争者和其他的公司无疑是最重要的招聘源头。美国的工人大概有5%的都在寻找新的工作和面对岗位的改变；经理和专业人员在五年内的其中一个职位会发生改变。此外，从这一来源进行招聘也是企业相互竞争的一种重要手段。

3）失业者。失业者也是企业招聘的一个重要来源，由于失业者经历过失去工作的痛苦，因此当他们重新就业后会更加珍惜现有的工作机会，工作努力程度比较高，对企业的归属感也比较强。

4）老年群体。包括退休员工在内的老年群体也构成了一个宝贵的招聘来源。虽然老年人的体力可能有所下降，但是他们具有年轻人不具备的工作经验。由于老年人的生活压力比较小，因此他们对薪资待遇的要求并不是很高，这些对企业都非常有利。

5）军人。由于军人有真实的工作历史，个人品质可靠，具有灵活、目标明确、纪律性强，以及身体健康等特点，因此对企业来说也是非常重要的一个来源。

（2）外部招聘的方法。一般而言，外部招聘的方法主要如下。

1）发布招聘广告。在实施外部招聘时，需要把企业的招聘信息以合适、合理的方式发布出去，以招聘广告的形式展现在可能的申请者面前。这就如同市场营销中的营销广告一样，它直接决定有多少人会来应聘。而这也是招聘阶段非常关键的工作，它的成败直接决定了整个招聘与甄选的可选择范围。所以，在招聘与甄选工作中一定要重视招聘广告的制作和投放。

招聘广告要有效才能招聘到所需要的人力资源。有效的招聘广告，是指企业能把招聘信息以经济上最合理、时间上最快速的方式传递给企业所需要的人力资源，并吸引他们采取最强烈的求职行动的广告。广告的有效程度取决于两个方面：一是广告要考虑媒体的选择；二是广告要传递到目标群体，并激发他们强烈的求职行为。

2）借助职业介绍机构。我国劳动力市场上出现了很多职业介绍机构，既有劳动部门开办的，也有一些私营的职业介绍机构。这些机构为用人单位与求职者之间搭建了一个很好的桥梁，为用人单位推荐求职者，为求职者推荐工作。很多劳动部门开办的职业介绍机构也定期举办一些人才交流会和招聘会，为企业招聘人才提供了很好的平台。

一般来看，企业在以下情况下才会选用职业介绍结构：①过去企业难以吸引足够数量的申请者；②企业在目标劳动力市场上缺乏招聘经验；③企业需要的员工数量少；④企业急于填充岗位空缺；⑤企业试图招聘到现在正在工作的员工。

3）推荐招聘。推荐招聘就是指通过企业的员工、客户或者合作伙伴的推荐来进行招聘，这也是外部招聘的一种重要方法。这种招聘方法的好处是招聘的成本比较低；推荐人对应聘人员比较了解；应聘人员一旦录用，离职率比较低。它的缺点是：容易在企业内部形成非正式的小团体；如果不加控制，会出现任人唯亲的现象；由于推荐的应聘人员不可能太多，因此甄选的范围比较小。

4）网上招聘。网上招聘也叫作线上招聘和电子招聘，是通过互联网平台开展招聘活动，包含了职位需求的发布、整理简历资料、线上面试、线上评估等步骤。这是对传统招聘流程的一种复制，并且通过线上招聘，整个招聘流程具有互动性，没有地域的限制和具备了远程控制的能力，更有利于人才的招揽，给招聘的方式带来了全新的局面。

近几年，通过网络选聘人才的企业数量和人才招聘网站访问次数大幅度持续增长，互联网已经成为单位招聘和人才求职的主要渠道，与传统的人才市场并驾齐驱成为人才供求的集散地。用人单位和毕业生双方在互联网上都可以进行简便快捷的交流和洽谈，不必再奔波于传统的就业市场，大大减少了中间环节，降低了用人单位的招聘成本和毕业生的求职成本，低成本、高回报的网上就业市场成为单位和毕业生招聘求职的首选渠道。

三、人员甄选与录用

（一）人员甄选

人员甄选的含义为，企业通过一些特定的工具或方式来考核已经录用的求职者，对求职者的人格特点和专业技能素养进行鉴别，从而分析出他们以后的工作绩效。这样一来,企业才能找到真正需要的专业人才,填补岗位空缺。

一般的人员甄选为了达到预期的效果,可分为初选和精选两个步骤。初选阶段是由人力资源部进行选拔,主要围绕着求职者的背景资料、核查资格和初步面试展开。精选则是围绕着笔试、心理评估、二次面试、甄选决定和体检展开,这一步骤是由人力资源部和企业的相关负责人共同完成的。开展的主要步骤分为以下八点。

(1)初次甄选:淘汰与求职要求不匹配和个人资料不真实的求职者。

(2)初次面试:从以往的经验和专业要求淘汰一些求职者。

(3)心理评估测试:对心理测试报告不合格的求职者进行淘汰,或者按比例淘汰分值较低的求职者。

(4)二次面试:这是人员甄选的关键一步,通过诊断面试为最终的决策提出决定性意见。

(5)背景资料的整理与核查:从结果出发,淘汰一些有品德问题的求职者。

(6)能力和岗位要求匹配分析:从岗位要求出发,淘汰严重不匹配的求职者,整个甄选的过程都应该含有匹配分析的环节。

(7)体检:根据体检报告淘汰和岗位要求不相符的求职者。

(8)决定和录用:决策时根据招聘职位的高低而在不同层次的决策层中进行,决策之后就交给相关部门做录用处理。

(二)人员录用

1. 人员录用的主要程序

(1)确定录用名单。确定录用名单时应坚持原则,它关系到整个招聘工作的成败,录用必须以对应聘者全面考核的结论为依据,依靠集体的力量,由招聘小组成员或高层管理人员集体讨论确定,避免主观偏见的影响,而且要防止不正之风的干扰。

(2)公布录用信息。录用名单确定后,名单应通过一定的方式张榜公布,提高透明度,尤其是内部招聘更应该公布。这样做一方面有利于接受外部监督,另一方面也可防止招聘中的不正之风,纠正招聘过程中的弄虚作假,体现招聘工作的公开、公正、公平原则。

（3）通知应聘者。录用结果确定后，人力资源部门要及时通知应聘者是否被录用。通知方式通常有张榜通知、电话通知与书面通知等。对未录用的应聘者，招聘单位应辞聘，这样做有利于维护组织的良好形象和声誉，也可体现对未录用人员的尊重。在通知被录用者时，最重要的原则是及时，否则，优秀的人才就可能与组织失之交臂。在录用通知书中，应讲清楚什么时候开始报到，在什么地方报到，附录表示如何抵达报到地点的详细说明和其他应该说明的信息。对于所有被录用的人要用相同的方法通知他们，并让他们知道他们的到来对本组织有很重要的意义。如果接到录用通知的优秀应聘者不来组织报到，组织的人力资源部甚至高层主管要主动去电话询问，表示积极的争取态度，并进一步弄清应聘者拒聘的真实原因，采取相应对策。辞谢通知要写得比较委婉，并且用相同的方式通知所有未被录用的应聘者。对每一个参加了面谈的人都应该给予及时的回答，最好是用信函的方式通知。

（4）办理录用手续。被录用的人员应在组织规定的时间内，到组织办理报到各项手续。组织应向当地人事劳动部门办理录用手续，证明录用员工的合法性。

（5）上岗引导培训。上岗引导培训是指给新员工提供有关本组织的基本情况，这些信息对员工做好本职工作是必需的。新员工只有完成上岗引导培训才能从非组织成员变成组织成员，招聘过程也才算真正完成了。进行上岗引导培训的主要原因是新员工与组织之间、与职位之间存在许多不适应的地方，同时新员工对新工作所怀有的期望与工作实际之间存在差异。上岗引导培训可以让新员工适应组织及其特定的职位，协调员工的价值取向与组织的指导活动并使两者取得协调一致。上岗引导培训内容广泛、形式多样，可以是短期的、非正式的，也可以是长期的、正式的。一般而言，上岗引导培训的内容主要包括：组织及其功能；组织的政策和规章制度；企业文化、报酬及福利待遇；工作安排与工作守则；安全及紧急情况程序；关于工作场所的介绍；关于工作群体，以及工作本身的介绍。对普通员工的培训可采用师徒训练、岗位练兵等方法；对管理人员的培训，可采取案例分析、实验性培训、行为分析等方法。通过岗位前培训，使新录用的人员能尽快适应新环境，融入组织中。

（6）签订劳动合同。应聘者成为正式员工，通常是以正式劳动合同的签订为标志。劳动合同规定了双方的劳动关系,明确了双方的责任、权利和义务,对双方同时进行法律约束和保护。应聘者也要及时与前工作单位解除劳动关系,处理好原有工作的交接工作。

2. 人员录用的一般原则

(1)公开原则。公开原则是指企业录用必须面向社会公开进行,做到录用政策、原则公开,录用部门、职位、数量公开,报考条件公开,报考方法、程序、时间公开,考试成绩、录用标准和结果公开。使录用工作置于社会的公开监督之下,防止不正之风,有利于给社会上人才以公平竞争的机会,最大限度地招聘录用到高质量的人才。

(2)平等原则。平等原则是指凡符合企业录用规定资格条件的人员,均有平等的权利和机会报名参加招聘并被录取。招聘录用过程中给每一位应聘者提供条件、机会、信息资料均等,严格执行保密规定,避免人为地制造各种不平等的限制,努力为应聘者提供公平竞争的机会,不拘一格地选拔录用各方面的优秀人才。

(3)竞争原则。竞争原则是指应聘者必须凭个人能力素质参与竞争,通过企业设定的考录方法和程序,通过笔试、面试、体检、考核四个主要环节的严格考核,以成绩的优劣为判别标准,科学地决定录用人选。动员和吸引的应聘者越多,竞争越激烈,就越容易选拔优秀人才。

(4)全面原则。全面原则是指录用前的考试和考核应该兼顾德、智、体诸方面,对知识、能力、思想、品德进行全方位考核。应聘者的质量,不仅取决于其文化程度,还有智力、能力、人格、思想上的差异,其中非智力素质对日后的工作有更大的影响。

(5)择优原则。择优原则指应聘者能否被录取,取决于本人能力和业务素质,最后根据应聘者总成绩和体检、考核结果择优录用。录用必须深入了解,全面考核,认真比较,谨慎筛选。

(6)量才原则。招聘录用时,必须考虑有关人选的专长,量才录用,做到人尽其才,用其所长,不仅做到人适其位,更要做到位适其人。对于应聘者来说,每个人的知识结构和能力性格是不一样的,招聘方不仅要有发现人才的本领,还要有正确辨别人才的本领。根据人的长处,安排在不同的岗位,扬长避短,让他们的优势发挥到最大。

第三节　企业的培训管理

培训是指组织以组织发展需要及员工自身发展需要结合为依据，通过一定的方式和手段，促使员工的认识与行为在知识、技能、品行等方面获得改进、提高或增加，从而使员工具备完成现有工作或将来工作所需要的能力与态度的活动。

一、员工培训的重要意义

第一，员工培训是人力资源开发的重要途径。人力资源开发的主要途径有员工培训、员工激励、职业发展、员工使用和保护等，其中培训是最常用的手段。

第二，员工培训能满足企业发展对高素质人才的需要。现代企业之间的竞争归根到底是人才的竞争，企业的发展需要大量高素质的人才。包括高素质的研究开发人员、管理人员、专业技术人员、生产骨干员工等。按照松下幸之助的观点，人才不是"捡"来的，而是企业自己培养的。因此，企业可以通过培训提高员工的素质，满足企业发展的需要。

第三，员工培训能满足员工自身发展的需要。根据马斯洛的需求层次理论，认为需求由低到高可分为生理、安全、社交、尊重和自我实现的需要。尊重和自我实现需求属高层次的精神需求，是员工自身发展的自然要求，它们对人行为的激励作用最大，而这些需求的满足是以自身素质的提高、提升到一定的管理岗位、工作中发挥个人潜能、工作干出一番成就为前提的。这就需要通过培训来实现。

第四，员工培训是提高企业效益的重要手段。通过培训提高了员工的工作技能、端正了工作态度、增强了工作责任心、发展了个人工作能力、满足了员工的发展需要，则会提高员工的满意感而激发其工作热情，最终则有利于提高工作效率，节约劳动消耗，从长远来看可以提高企业效益，因而企业领导者应有长远发展眼光，不能仅考虑眼前利益。

第五，员工培训是一项最合算、最经济的投资。培训需要大量的投入，这种投入不是费用的发生，而是人力资本投资的一种形式，其投资回报率要远远高于其他物质资源投资。

第六，员工培训是企业持续发展的保证。企业持续成长是指在一个较长的时间内，通过持续学习和持续创新活动，形成良好的成长机制，企业在经济效益方面稳步增长，在运行效率上不断提高，企业的规模不断扩大，企业在同行业中的地位保持不变或有所提高。为此也必须通过培训及其他途径提高全体人员的素质，以高素质的员工队伍为保证。

二、员工培训的主要方法

在人员培训中，管理者或培训者经常需要选择一种培训方法。实际工作中培训员工的方法有很多，如讲授法、研讨法、观摩法、角色扮演法和工作轮换法，其中，讲授法和研讨法最常用。这些方法又分为在职培训和脱产培训两大类。

（一）在职培训法

在职培训法有一对一培训法、教练法和工作轮换法。

1. 一对一培训法

一对一培训法是一种常用的培训方法，在这种培训方法中，培训者和被培训者一对一结对，单独传授，也就是传统的"传、帮、带"和"师徒制"。培训过程包括培训者描述、培训者演示和被培训者在培训者的监督下练习三个环节。当然，在此种培训方法中还可以补充各种文字材料、录像带和其他资料。

一对一培训法的优点：①花费的成本低，在培训过程中，学员边干边学即"干中学"，几乎不需要格外添置昂贵的培训设备；②培训与学员工作直接相关。因为，学员在培训中使用的设备或所处的环境一般与以后工作过程中的非常相似，甚至是相同的；③培训者能立即得到培训效果的反馈；④这种培训方法比较灵活——培训者可根据情况变化随时调整培训内容和方式。

一对一培训方法不足：①在许多组织中一对一培训并没有周详、系统地设计，而是较为随意地进行。换句话说,组织运用此法开展培训工作较为草率；②运用一对一培训法进行培训时，培训内容常常是一些简单、常规、机械式的操作。例如，简单的机械操作、档案管理和简单的清洁工作适合用一对一培训法进行员工培训；③组织中也许找不出合适的培训者。例如，组织内没有精通 CAD（计算机图形设计）的人，就不能用一对一培训法开展这项培训工作。

2. 教练法

随着人们对体育运动越来越青睐和投入，教练技术也越来越受到人们的关注。一些具有远见卓识的企业管理者，已经将运动场上的教练方式运用到企业培训上来，并形成一种崭新的教练培训方式。

在教练法这种培训方式中，培训对象的教练需要做到三点：一是指导培训对象做出计划、策略，以引导培训对象思考为什么要做、如何做；二是指出培训对象所不能或没有想到的状况等；三是持续地引导与客观意见的反馈。

3. 工作轮换法

工作轮换法亦称轮岗，指根据工作要求安排在不同的工作部门工作一段时间，通常时间为一年，以丰富新员工的工作经验。在历史上出现于日本的工作轮换，主要是以培养企业继承人为目的，而不是较大范围内推行的一种培训方法。现在许多企业采用工作轮换是为培养新进入企业的年轻的管理人员或有管理潜质的未来管理人员。

就优点而言，工作轮换法能改进员工的工作技能、增加员工的工作满意度和给员工提供宝贵的机会。从员工的角度来看，参加工作轮换法培训的员工比未参加这种培训的员工能得到快速的提升和较高的薪水。

就缺点而言，工作轮换法由于不断地进行工作轮换给被培训者增加工作负担，还会引起未参加此种培训的员工的不满。

（二）脱产培训法

脱产培训有讲授法、影视培训法、远程培训法和虚拟培训法等培训方法。

1. 讲授法

讲授法是由培训者向众多学员讲解培训内容，培训者一般是该方面的专家。培训过程中，培训者会鼓励学员参与讨论或提问，但大多数情况下是单向交流，几乎没有实践时间。该方法是最为传统的脱产培训方法。

这种培训法的优点是：能有效提供相关的基本信息；适用于各种内容的培训；有高超讲授技巧的培训师能提供优秀的培训。当然，讲授培训法也有不少缺点：培训效果受培训师表达能力的影响较大；较少考虑被培训者的理解能力；费用昂贵——培训师每小时的收费标准在几百至几千美元之间；用于某些实践性强的领域（如人际交往）收效甚微。

2. 影视培训法

影视培训法是用电影、影碟、投影等手段开展员工培训，其优点是：学员直观地观察培训项目的过程、细节，引起视觉想象；能随时停下片子的播放，伴以培训师的细致讲解，加深学员的理解，收到良好的培训效果；多次反复地进行，便于学员复习所培训的内容。不足之处是：学员处于被动地位，无法进行相互的交流；高昂的制作成本限制了该培训方法的使用。尽管如此，影视培训法仍深受众多组织的喜爱。

3. 远程培训法

远程培训法指将学习内容通过远距离传输到达学员的学习地点，以供学员学习。由于采用的设备不同而有多种不同的具体形式，如广播、电视、因特网等。目前，通过因特网进行培训是最常用的远程培训方式，这与培训内容容易更新、电脑的普及、因特网技术不断改进和网页界面越来越友好有很大的关系。

远程培训法由于具有可以克服空间上的距离、节省时间、在一个特定的时间宽度内能不定期、持续地接受培训以及学员更易接近电子数据库等众多优点而受到越来越多的组织的青睐。计算机行业巨子国际商业机器公司（international business machines corporation, IBM）就是成功地开展远程化培训的典型例子。IBM 培训部将各分部员工所需培训内容进行编辑，制作成电子教材后在内部局域网发布，供学员随时随地上网进行自我培训或集体培训，节约了大量的培训费用，有效地降低了产品成本，收到了良好的培训效果。利用网络开展远程化培训方便、效率高，能满足各种行业的需要，远程化培训利用网络实现跨地区、跨国联网，既满足了异地培训的需要，又比较容易地获取各种新的知识和信息，大大减少了有关培训的支出。

4. 虚拟培训法

虚拟培训法包括时空、内容、设备和角色的虚拟化，具有沉浸性、自主性、感受性、适时交互性、可操作性、开放性和资源共享性等优点。虚拟现实技术为现代组织的人力资源培训开辟了一条新的道路，特别为那些投资成本极高、难度很大、环境危险和操作性较强的技能培训搭建了崭新的培训平台。

经济全球化的发展，导致竞争残酷激烈，无论哪个行业都将规避风险，降低成本变为迎接激烈竞争的有力武器和首要任务。为了满足这种要求，充分利用高科技手段，综合计算机、图形、仿真、通讯和传感等技术，为培训建立起一种逼真的、虚拟交互式的三维空间环境,这种与现实世界极其相像的、虚拟的人力资源培训与开发技术应运而生，并开始得到广泛的认可和运用。

建构在虚拟现实技术之上的现代人力资源培训与开发的方法，具有传统培训方法所无法替代的优点，并且体现了信息化这一社会发展特征。随着全球经济一体化，竞争越来越白热化，虚拟化的人力资源培训与开发方法有着强大的生命力和发展前景。

第四节 企业的薪酬管理

一、薪酬的内涵阐释

薪酬是指企业因使用员工的劳动而付给员工的各种形式的补偿，是单位支付给员工的劳动报酬。

（一）薪酬的类型划分

1. 直接经济性薪酬

直接经济性薪酬是单位按照一定的标准以货币形式向员工支付的薪酬，包括基本工资、奖金（如绩效工资、佣金、团队奖励、利润分成）、激励工资、津贴等。

工资是指根据劳动者所提供的劳动的数量和质量，按事先规定的标准付给劳动者的劳动报酬。其计量形式有计时工资和计件工资，计时工资是指根据员工的劳动时间来计量工资的数额，主要分为小时工资制、日工资制、周工资制和月工资制四种。计件工资是按照员工实际劳动成果的数量计发的工资，即预先规定好计件单价，根据员工生产的合格产品的数量或完成一定工作量来计量工资的数额。

奖金是对职工超额劳动的报酬，也就是常说的绩效工资，包括佣金、团队奖励、利润分成等。

激励工资主要体现为短期工资和长期股权；津贴与补贴主要针对职工在特殊劳动条件、工作环境中的额外劳动消耗和生活费用额外支出的补偿。

一般意义上把与工作相联系的补偿称为津贴，津贴又分为生活性津贴、劳动性津贴和地域性津贴三种。把与生活相联系的补偿成为补贴。

这里需要注意的是，在工资和奖金，以及津贴三者之间并没有固定的比例关系。

2. 间接经济性薪酬

间接经济性薪酬虽不直接以货币形式发放给员工，但通常可以给员工带来生活上的便利、减少员工额外开支或者免除员工后顾之忧，主要体现为给予员工的各种福利政策，例如，养老保险、医疗保险、失业保险、工伤及遗嘱保险、住房公积金、餐饮等。

福利是对员工劳动的间接回报，目前被普遍采用的除了上面所说的，还有带薪假日、医疗、安全保护、保险、补贴、各种文化娱乐设施等。

非经济性薪酬主要是指无法用货币等手段来衡量，但会给员工带来心理愉悦效用的一些因素。其他货币性薪酬包括有薪假期、休假日、病事假等。

薪酬的本质就是一种交换或者说是交易。在这个交易中，工人获得其生活所需的各种货币和非货币资源，企业或组织获得能够保证其正常运作的各种人力和物力，因此，要遵循等价交换的原则。

（二）薪酬的水平策略

薪酬水平是指企业支付给不同职位的平均薪酬，是企业内部各类职位和人员平均薪酬高低状况的直接表现。薪酬水平通过将企业薪酬与当地市场薪酬行情和竞争对手薪酬绝对值相对比的手段，侧重分析组织之间的薪酬关系及本组织的整体薪酬支付实力，反映了企业薪酬的外部竞争性特点。

按照不同的划分标准，薪酬水平也有不同的分类。首先，按照划分层次的不同，可以将薪酬水平划分为国家平均薪酬水平、地区平均薪酬水平、部门平均薪酬水平或企业任职人员平均薪酬水平。其中，企业员工的薪酬水平主要指以企业为单位计算的员工总体薪酬的平均水平，包括时点的平均水平或时期的平均水平。其次，还可以将其划分为内部薪酬水平和外部薪酬水平两类。最后，按照对象的不同，还可以将薪酬水平划分为整体薪酬水平和某一特定职业群体的薪酬水平。

一个组织所能承担薪酬支付水平的高低不仅会对企业在人力资源市场上获取所需人力资源的能力产生影响,关系到企业对员工吸引力的大小,还会影响企业的整体竞争力。一般来说,测定企业薪酬水平的方法主要有两种。第一种是测量企业薪酬水平在相关劳动力市场中的位置,这是一种相对量的指标;第二种是测量企业支付给不同职位的平均薪酬,这是一种绝对量的指标。

从一般意义上讲,对企业薪酬水平策略类型的划分主要是依据企业的战略目标,同时结合企业战略和人力资源市场状况来进行的。按照这种思路,可以将薪酬水平策略划分为领先型策略、跟随型策略、滞后型策略、权变型策略和综合型策略五种。

领先型薪酬策略主要采取的方式是以高薪为代价,即采取本组织的薪酬水平高于竞争对手或市场的薪酬水平的策略。这种薪酬策略,在吸引和留住员工方面都具有明显优势,还能将员工对薪酬的不满降到一个相当低的程度。

滞后型薪酬策略是采取本组织的薪酬水平低于竞争对手或市场薪酬水平的策略。这是由企业利润率比较低,成本承受能力弱,没有能力为员工提供高水平的薪酬造成的。

权变型薪酬策略指有时在不同的薪酬构成部分之间实行不同的薪酬政策,依据薪酬水平的变化和竞争对手薪酬水平做出的相关调整。

混合型薪酬策略,主要用于企业确定薪酬水平的过程中,是根据职位的类型或者员工的类型来分别制定的薪酬水平决策。

领先型薪酬策略、跟随型薪酬策略和滞后型薪酬策略都是比较传统的类型,目前使用最广泛的是综合型薪酬策略和跟随型薪酬策略。

(三)薪酬的作用与支付依据

1. 薪酬的重要作用

薪酬的作用是多方面的,它不仅对员工本人有很大的作用,对企业和社会都有极强的作用。

第一,薪酬是员工的主要收入来源,它对于劳动者及其家庭生活的稳定和幸福起到了经济保障的作用。

第二,在一个组织中,员工的工作行为、工作态度,以及工作绩效都会因为薪酬状况的变化而受到影响,因此,企业往往通过薪酬激励的方式,使员工更好地为组织服务,这体现了薪酬的激励作用。

第三,薪酬能够帮助企业控制经营的成本。

第四,薪酬可以通过吸引和保持高绩效雇员、使用合理的薪酬对员工进行有效激励,进而对组织绩效产生影响等手段对企业的绩效进行改善。

2. 薪酬的支付依据

薪酬支付依据主要是单位用来向员工支付薪酬的各种依据和标准。一般而言,薪酬支付依据包括:员工从事的岗位,员工从事的职务,员工具备的技能、能力、资历,员工的工作业绩等。

首先,从员工从事的岗位出发,付酬依据的是岗位。这种方式是大多数公司采用的方式,岗位价值体现在岗位责任、岗位贡献、知识技能等方面。

其次,从员工从事的职务出发,付酬的依据是职务。这种方式是对上一种付酬方式的简化,但它不能体现同一职务在不同岗位上的差别。职务和岗位的区别在于,岗位不仅能够体现层级还能体现工作性质,而职务一般只能表达出层级,不能体现出工作性质方面的因素。

再次,从员工所具备的技能、能力和资历出发,付酬的依据是技能或能力。由于技能和能力在理论概念上有区别,在企业薪酬实践中,一般对工人习惯以技能付酬,对管理人员则以能力付酬。

最后,还有依据业绩和市场付薪酬。业绩付酬是依据个人、部门、组织的绩效进行付酬,市场付酬则是依据市场值的多少进行付酬。

(四)薪酬工资制度与相关法律规定

1. 薪酬工资制度

与上述付酬方式紧密相连的是各种工资制度,常见的工资制度如下。

第一,岗位工资制。岗位工资制是依据任职者在组织中的岗位确定工资等级和工资标准的一种工资制度,这是由于企业在大多数情况下是根据员工所承担的工作本身的重要性、难度、对企业的价值、工作环境对员工的伤害程度,以及对雇员资格的要求决定的。其理念是:不同的岗位创造价值的大小、多少都是不同的,因此,不同的岗位应该给予不同的工资报酬;不仅如此,对于超过岗位任职要求的能力不给与额外报酬;岗位工资制鼓励员工通过岗位晋升来获得更多的报酬。

第二，技能工资制或能力工资制。技能工资制是一种根据员工所具备的技能等级不同，而向员工支付不同工资的制度。其基础是企业根据企业需要的、员工拥有的、完成工作的技能或能力的高低。技能工资制和能力工资制真正体现了"以人为本"的管理理念，它能够给予员工足够的发展空间和舞台，便于企业内的人力资源规划和员工职业生涯规划的优化。

第三，绩效工资制。绩效工资制是对过去工作行为和已取得成就的认可，是基本工资之外的增加项，其核心是建立公平合理的绩效评估系统。绩效工资主要随雇员业绩的变化进行相对应的调整。在应用过程中，绩效工资制不仅有利于个人和组织绩效的提升，还是实现薪酬内部公平和效率目标的有力工具。不仅如此，绩效工资制还具有人工成本低的优势。但是，在具体的操作过程中，还要注意绩效工资制由于绩效工资与员工本期绩效的相关性，会造成员工只关注当期绩效，忽略组织长远利益的短视行为，以及由于人工成本降低带来的员工高流动率、员工忠诚度不足和组织凝聚力不强的弊端。

第四，激励工资制。激励工资制是和业绩直接挂钩的工资类型。激励工资可以是短期的，也可以是长期的；可以是雇员的个人业绩，也可以是团队或整个组织的业绩。

但是要注意激励工资制和绩效工资制的不同：激励工资主要侧重通过支付工资的方式期望影响员工将来的行为，其支付方式是一次性付出，对人力成本不会产生永久性影响；而绩效工资的侧重点在于对员工过去突出业绩的认可，其支付方式与基本工资相结合，一旦确定，就会永久性地增加到基本工资之上。

就目前而言，使用度比较高的是组合工资制。所谓组合工资制主要是在企业薪酬管理实践中，采用两个或两个以上的工资制度，充分发挥各种工资制度优点的一种工资制度。比较常见的有岗位技能工资制和岗位绩效工资制。

2. 薪酬相关法律规定

目前，相关法律对薪酬的规定已经逐步完善并细化，这些法律法规主要有规范性法律文件和准规范性法律文件两种。对于薪酬的相关法律规定一般都包含在各种劳动法之中。

规范性法律文件包括各种成文法，一般有劳动法、中央政府制定的关于薪酬的行政法规文件、各部委制定或劳动行政部门单独或与有关部门制定的专项劳动规章、省级制定的地方性法规和地方规章,以及由国际组织和两个以上国家协议制定的关于薪酬的国际性法律文件。

准规范性法律文件一般也具有正式性文件的法律效力,主要有各种劳动政策、劳动标准、规范性劳动法规解释和集体合同等。它们是对劳动法规的补充,是由劳动管理部门制定的具体化、定量化的实施标准。

在资本主义发展过程中,对薪酬和福利法的规定最初是为了调整劳资之间的薪酬福利关系、限制雇主而制定的。

我国制定的与企业薪酬管理有关的法规有:《企业最低工资规定》《职业技能鉴定规定》《国有企业职工待业保险规定》《职工工作时间的规定》《中华人民共和国劳动法》《工资支付暂行规定》《关于实施最低工资保障制度的通知》《国有企业工资内外收入监督检查实施办法》《外商投资企业工资收入管理暂行办法》《企业职工生育保险试行办法》《企业职工患病或非因工负伤医疗期规定》《企业职工工伤保险试行办法》等。

其中,"工资立法"是对最低工资保障和工资支付保障的立法,"雇员待遇与福利立法"一般包括对工作时间、休息和假期、工业卫生与安全,以及社会保障等的规定。工时法是国家以法律的形式,对企业员工每日和每周工作最长限度的强制规定。对工作日种类的规定如下。(1)标准工作日,每日不超过8小时,每周不超过40小时。

(2)缩短工作日,矿山、高山、有毒、夜班、怀孕女工要短于8小时。

(3)延长工作日,条件限制工作11小时,不能超过11小时。

(4)无定时工作日是对高级管理人员和营销人员而言的。

(5)综合计算工作日,铁路、邮电、旅游业、渔业等的工作日计算采用综合计算的形式。

(6)弹性工作日,在标准工作日的基础上,按照事先约定,自主安排时间工作长度。

(7)非全时工作日,是针对小时工而言的。

其他制度如带薪休息休假制度和加班加时制度等。

工资法包括最低工资法、工资支付保障法和特殊情况支付法三类。最低工资法是国家通过强制手段规定用人单位支付给劳动者的工资下限,目的是满足劳动者和其家庭的生活需要。我国实施最低工资保障制度,由省直辖市政府（经地方政府、工会和企业派代表三方民主协商）根据具体情况规定，用人单位支付的工资水平必须高于该标准。工资支付保障法要遵循货币、定期、直接、全额、定地、优先紧急支付的原则。

劳动保障法是针对在市场经济的条件下，为保障劳动力的权利而对劳动力市场上的歧视现象进行约束的法律，主要方式是政府机制和法律机制。我国法律规定：①不得因种族、肤色、宗教、性别等原因拒绝雇佣和解雇某人，或在就业报酬、条件、期限等方面对人歧视；②对劳动妇女同工同酬、保障女工薪酬福利，主要有与男子同工同酬、享受同样社会保险和福利、生育、产假特殊的劳动保护。

二、薪酬管理的主要内容

薪酬管理是指企业在战略思维的基础上对本企业员工薪酬的支付标准、发放水平、要素结构进行确定、分配和调整的过程，是企业人力资源管理的一项重要职能活动。

（一）薪酬结构管理

薪酬结构是关于薪酬的构成要素及确定各要素各占多大比例的管理。薪酬要素主要有基本工资、奖励工资、津贴、福利和服务及可变薪酬等。

（1）基本工资。基本工资是薪酬结构中其他部分的计算基础，主要以员工所在部门、岗位、职位，以及员工个体之间的劳动差异为基础。

（2）奖励工资。奖励工资主要以员工超额有效劳动为计算依据，是员工在完成既定任务的基础上，进一步付出有效超额劳动的报酬。

（3）津贴。津贴主要包括三大类：与劳动直接相关的津贴、生活保障性津贴和地区性津贴。津贴是企业对员工在特定劳动条件下，或从事特定的具有超常劳动强度的工作所出的超额劳动，或为了保证员工的实际生活水平的稳定，或是为了补偿员工在特定地理自然环境条件下造成的生活费的额外开支等而支付的补偿。

（4）福利和服务。福利和服务是指企业在支付员工与劳动有关的报酬之外，为确保和提高员工及其家属生活水平而从生活的诸多方面采取的保证和激励措施的总称，如社会保险、带薪假期、疗养娱乐活动等。

（5）可变薪酬。可变薪酬一般具有薪酬延期支付的性质，并通过资本增值的形式予以实现，多用于对管理人员的激励。股票购买特权、股票期权、虚拟股票权及绩效股权等都是可变薪酬的表现形式。

（二）薪酬支付形式管理

薪酬支付形式指薪酬是以工作时间为单位，以产量、销售量为单位来计算的，这是薪酬支付的基础。支付形式主要有两种，一种是计时工资，另一种是计件工资。

计时工资制是指员工按照工作时间获取报酬的制度，比如，按照小时、周、月等标准来获取工作报酬。一般像行政人员、管理人员等以计时工资的形式支付报酬。计时工资制的优点就在于其计量容易，其缺点是不能很好地反映劳动的强度和劳动成果，同时，由于工作刺激性不强，因此管理成本较高。

计件工资把员工的报酬与其产量或工作量直接挂钩，计件工资的好处在于将员工的劳动成果与薪酬直接挂钩，有利于激励员工提高绩效。但是其最大的缺点就是容易导致短期利益的产生，比如，生产工人很容易为了提高产品数量而忽视产品的质量，以及不重视生产设备的保养等。同时，实施计件工资也受到了很多客观条件的限制，例如：所从事的工作必须是易于衡量的，而且可以直接归因于个人或某个团队；工作的速度是可以由员工自己控制的，而不是由其他的客观条件控制等。

（三）员工福利管理

福利是指企业支付给员工的间接薪酬，是组织或企业为满足员工的生活需要，在基本薪酬和可变薪酬之外，向员工本人及其家属提供的可以由货币、实物及服务形式表示的收入部分。福利在现代组织或企业的薪酬中所占的比例越来越大，并且产生了更大的作用和影响。

1.员工福利的主要功能

良好的员工福利对于企业发展有重要意义，具体表现在以下方面。

（1）吸引和保留人力资源。越来越多的求职者在进行工作的选择时会把福利作为一个十分重要的因素进行考虑。良好的员工福利待遇已经成为增加企业劳动力市场竞争力的重要手段。因此，许多组织或企业会在国家法定的福利项目外，设立其他福利项目，从而留住员工，有助于降低运营成本和提高生产率。

（2）有利于企业文化的建设。组织或企业越来越重视员工对企业文化和价值观的认同。福利体现组织或企业的管理特色，传递组织或企业对员工的关怀和支持。因此，以员工为中心，努力向员工提供形式多样、富有吸引力的福利计划，对构架企业的价值观和企业文化特色发挥重要作用。

（3）合理避税。福利还可以让员工和企业合理避税，从而在相同的支持成本下提高员工的实际收益，有利于企业节约成本开支。按照现行的个人所得税政策，采取福利的形式，员工能够在得到这些报酬的同时，获得税收的减免，从而大大提高人工成本支出的有效性，这也是福利受到欢迎的重要原因。

2. 员工福利的类型划分

在不同企业中，福利的内容是各不相同的。但是一般而言，可以将福利的项目划分为两大类：一是国家法定福利，二是企业自主福利。

（1）国家法定福利。法定福利是组织依据国家有关法规必须为员工提供的福利，他为员工提供了工作和生活的基本保障，具有强制性，任何企业都必须执行。法定福利主要包括以下内容。

1）养老保险。养老保险是按国家统一政策规定强制实施的，使劳动者在因年老而丧失劳动力时，可以获得物质帮助以保障晚年基本生活需要的保险。养老保险是社会保险体系的核心，影响面大，社会性强，直接关系到社会的稳定和经济的发展。

2）失业保险。失业保险是国家和企业对因非意愿、暂时丧失有报酬或有收益的工作的员工，支付一定的经济补偿，以保障其失业期间的基本生活，维持企业劳动力来源的社会保障的总称。失业保险待遇由失业保险金、医疗补助金、丧葬补助金、抚恤金、职业培训和职业介绍补贴等构成，目的在于保障非自愿失业者的基本生活，促使其重新就业。

3）医疗保险。医疗保险作为公共福利中最为主要的福利，是国家、企业对员工在因病或因工负伤而暂时丧失劳动能力时，基于假期、收入补偿和提供医疗服务的社会保险制度。基本医疗保险包括职工基本医疗保险、城镇居民基本医疗保险和新型农村合作医疗。

4）住房公积金。住房公积金是单位及其在职职工缴存的长期住房储金，是住房分配货币化、社会化和法制化的主要形式。单位和职工个人必须依法履行缴存住房公积金的义务。住房公积金制度是国家法律规定的重要的住房社会保障制度，具有强制性、互助性、保障性。

5）公休假期和法定假日。目前我国实行每周休息两天公休日制度，同时规定了元旦、春节等法定假日。在公休假日和法定假日加班的员工应分别享受相当于基本工资双倍和三倍的加班工资。

6）带薪休假。带薪休假是指员工工作满一年的时期后，可以带薪休假一定的时间。

（2）企业自主福利。企业福利是根据组织或企业自主建立的，为满足员工的生活和工作需要，在工资之外向员工本人及家属提供的一系列福利项目。企业福利计划比法定福利计划种类更多，也更加灵活，主要有以下形式。

1）企业年金。企业年金是社会基本养老制度的补充，是指企业及员工在依法参加基本养老保险的基础上，自愿建立的补充养老保险制度。在市场经济中，企业年金是企业薪酬福利的一个重要组成部分，从企业层面来说，它是企业吸引人才、留住人才和提高员工积极性、提高劳动效率的重要手段；从员工个人的层面来说，能够极大地改善员工退休后的生活。它是多层次养老保险体系的组成部分，由国家宏观指导、企业内部决策执行。

2）住房补贴或津贴。住房补贴或津贴是指企业为了使员工有较好的居住环境而提供给员工的福利，主要包括以下几种：根据企业薪酬级别及职务级别确定每个人的贷款额度，在向银行贷款的规定额度内和规定年限内，贷款部分的利息由企业逐月支付；按资历、工龄等给予员工一定的住房津贴；企业购买或建造住房后免费或低价租给或卖给员工居住；全额或部分报销员工租房费用等。

3）交通补贴。主要是指上下班为员工提供交通方便，主要包括派专车接送上下班，按规定为员工报销交通费，每月发放一定数额的交通补助费等。

4）伙食补贴或免费工作餐。组织为员工提供的免费或低价午餐，或提供一定数额工作午餐补助费。

3. 员工福利的管理过程

为了保证给员工提供的福利能够充分发挥其应有的作用，在实践中，一般按照下面的步骤实施福利管理。

（1）福利调查阶段。为了使提供的福利能够真正满足员工的需要，首先进行福利调查。在过去，我国大多数企业都忽略了这一点，盲目地向员工提供福利,虽然也支出了大笔的费用,但是效果不是特别理想。在进行福利调查时,既可以由企业提供一个备选菜单,员工从中进行选择,也可以直接收集员工的意见。福利调查分为两个部分：内部福利调查和外部福利调查。内部福利调查只是解决员工的需求问题,但是这些需求是否合理、企业总体的福利水平应当是多少,这些问题都应该进行外部福利调查。

（2）福利设计阶段。福利调查结束后,就要进行福利设计。企业要根据内外部调查的结果和企业的自身情况相结合,确定出需要提供的福利项目。然后对福利成本做出预算,包括总的福利费用、各个福利内容的成本。以及每个员工的福利成本等。在保证自身福利竞争优势的前提下,努力减少福利支出,制定福利项目预算,确定福利项目的成本,以制订相应的福利项目成本计划。制订详细的福利实施计划,明确福利产品或服务购买或支付的制度和保管制度等。

（3）福利实施阶段。福利实施阶段就是要按照已制订好的福利实施计划,向员工提供具体的福利。在实施中兼顾原则性和灵活性,如果没有特殊需要,一定要严格按照指定的计划来实施,以控制好福利成本的开支。而且我们要保持实施进程的灵活性,定期检查,定期监控,以保证福利提供的有效性。

（4）福利的反馈阶段。实施阶段结束后,还要对员工进行反馈调查,以发现在调查、计划和实施阶段中存在的问题,从而不断地完善福利实施的过程,改善福利管理的质量,同时积极学习参考其他组织和企业的做法,不断完善和调整福利项目,以更好地满足员工的实际需要。

三、企业薪酬管理的优化策略

第一,贯彻相对公平原则。内部一致性原则强调企业在设计薪酬时要一碗水端平。内部一致性原则包含三个方面：一是横向公平,即企业所有员工之间的薪酬标准、尺度应该是一致的；二是纵向公平,即企业设计薪酬时必须考虑到历史的延续性,一个一个过去的投入产出比和现在乃至将来都应该基本上是一致的,而且还应该是有所增长的。这里涉及一个工资刚性问题,即一个企业发给员工的工资水平在正常情况下只能看涨,不能看跌,否则会引起员工很大的不满。最后就是外部公平,即企业的薪酬设计与同行业的同类人才相比具有一致性。具体到企业,建议在进行充分的调查后,确立一个能够令人信服的工资标准,包括固定工资标准和浮动工资标准。在工资表中将薪酬的组成分类具体化,对绩效考核的项目进行细化。使员工能够明白自己薪酬有哪些部门组成,金额多少。同时要增加透明度,因为透明且沟通良好的薪酬制度,有利于劳资双方对薪酬的认知,加速工作绩效的增长。

第二,适当、及时的提高员工薪酬水平。薪酬体系设计的目的是建立科学合理的薪酬制度,使之在保障员工的基本生活的基础上,最大限度地发挥其激励作用。此外,薪酬体系还应始终关注企业的长期发展战略,并与之保持一致,以促进企业的发展进步。企业应当根据外部环境的变化,及时地对员工的薪酬水平做出调整,特别是作为员工薪酬主要组成部分的基本工资要做出相应的调整。最低工资标准是国家为了保护劳动者的基本生活,在劳动者提供正常的老的情况下,而强制规定用人单位必须支付给劳动者的最低工资报酬。最低工资标准每两年至少调整一次,作为企业应当积极响应,按照国家的相关法律、法规及时的提高员工的薪酬水平。

第三,完善薪酬和绩效评估体系。领导者必须对下属进行认真分析、找出差异,从而实施不同的领导方式,才能取得最佳的领导效果。对薪酬系统的设计也是如此,员工需求是有差异的,不同的员工或同一员工在不同时候需求都可能不同。绩效评估考核的结果与员工所得的报酬是直接挂钩的,绩效评估的客观性、公平性也就直接影响到薪酬体系的合理性所以要建立公开民主的多重评估体制。

结束语

在中国经济学快速发展的今天，劳动经济学可能是中国经济学大家庭里现代化和国际化程度最高的子学科，同时，也是最为贴近中国现实的子学科。

中国经济学的研究和教学要发展，要走向国际，必须基于实证研究，清楚中国经济的事实，并且在运用已有的经济学原理的基础上，发现新的理论创新空间。

当前，在市场经济不断深化发展的过程中，我国企业所面临的竞争不断增加，迫切要求其做好人力资源管理工作，以促进综合竞争力的提升，在激烈的竞争中占据一席之地。而在传统模式下，很多企业人力资源管理工作做的并不科学，难以从企业战略层面开展人力资源管理，导致人才价值、潜力等无法有效发挥，影响了企业发展。在新时代背景下，必须要认识到这些问题，从战略高度来看待人力资源管理工作，并且将劳动经济学融入人力资源管理过程中，这样才能够更好地对人力资源管理成本进行降低，使人力资源管理与企业的战略规划相协调，更好地发挥人力资源管理的效用。

从劳动经济学视角下探究企业人力资源管理是提升企业综合竞争力，增强人才价值的重要途径，也是优化人员配置，增强人才满意度的重要渠道。战略性人力资源管理是企业内部管理的重要内容，关系到企业的长远发展以及战略规划的实施，所以企业必须重视战略性人力资源管理工作。而在该项管理工作中引入劳动经济学，则能够从更加科学的层面对人力资源管理进行规划，对于帮助企业降低人力资源成本、促进人力资源潜力发挥具有重要意义。

参考文献

[1] 卜静雯. 现代企业的人力资源管理策略研究——基于分享经济时代的优势出发[J]. 中国商论, 2019（03）: 193-194.

[2] 布鲁斯·E·考夫曼, 王潇. 产业关系的理论基础及其对劳动经济和人力资源管理的启示[J]. 中国人力资源开发, 2013（17）: 10-27.

[3] 曹海英. 人力资源管理概论[M]. 北京: 中国金融出版社, 2016.

[4] 曹华锋. 从经济学的视角分析企业的人力资源管理[J]. 现代经济信息, 2019（12）: 34-35.

[5] 曾湘泉, 杨玉梅. 我国劳动经济学研究回顾与展望[J]. 中国劳动, 2015（02）: 4-10.

[6] 崔莹莹. 劳动经济学视角下的人力资源管理探究[J]. 长春金融高等专科学校学报, 2019（06）: 87-90.

[7] 窦娇娇. 劳动经济学支持下的战略性人力资源管理分析[J]. 商讯, 2019（18）: 193.

[8] 耿建平. 从劳动经济学角度剖析人力资源管理[J]. 城市建设理论研究（电子版）, 2020（02）: 58.

[9] 韩云洁, 张海峰. 基于劳务经济发展下的农村人力资源开发[J]. 安徽农业科学, 2007, 35（21）: 6662, 6664.

[10] 贺潇萌. 劳动经济理论下的人力资源开发路径选择及改善[J]. 中国商论, 2017（20）: 158-159.

[11] 黄春梅. 论市场经济条件下的人力资源开发[J]. 经济师, 2001（09）: 146-147.

[12] 江永众, 程宏伟. 劳动关系研究的多学科比较——基于劳动经济学和人

力资源管理学的视角［J］. 学术研究，2012（05）：91-98，159-160.

[13] 李群，王巧云. 人力资源开发向经济发展方式转变的传导机制分析［J］. 中国科技论坛，2009（02）：108-112，121.

[14] 梁玉乐. 劳动经济视角下的人力资源管理探析［J］. 大众投资指南，2019（14）：91，93.

[15] 刘浩东. 劳动经济学视角下的人力资源管理探究［J］. 知识经济，2020（06）：68-69.

[16] 刘怀宙. 劳动经济学支持下的战略性人力资源管理研究［J］. 营销界，2019（29）：174，179.

[17] 刘萌. 人力资源管理信息化研究［M］. 北京：中国经济出版社，2005.

[18] 刘倩. 从劳动经济学和人力资源管理学角度研究劳动关系［J］. 今日财富，2020（16）：131-132.

[19] 刘倬. 人力资源管理［M］. 沈阳：辽宁大学出版社，2018.

[20] 陆铭，梁文泉. 劳动和人力资源经济学：经济体制与公共政策［M］. 2版. 上海：格致出版社，2017.

[21] 陆姝萍. 劳动经济学视角下的人力资源管理剖析［J］. 科技经济导刊，2020，28（07）：226.

[22] 吕清晨. 劳动经济学背景下的人力资源管理［J］. 商业故事，2019（05）：27-28.

[23] 马振耀. 人力资源管理理论与实践新探索［M］. 天津：天津科学技术出版社，2017.

[24] 朱章博. 人力资源管理信息化对企业经营管理的影响［J］. 现代营销（下旬刊），2019（07）：135-136.

[25] 冉军. 人力资源管理［M］. 北京：清华大学出版社，2017.

[26] 邵萌. 劳动经济学视角下我国人力资源的发展现状及发展展望［J］. 商讯，2020（10）：183-184.

[27] 沈阳. 从劳动经济视角分析人力资源发展路径及措施［J］. 现代营销（下旬刊），2020（03）：197-198.

[28] 孙田. 人力资源管理经济效益最大化思路研究［J］. 科技资讯，2019，17（31）：68-69.

参考文献

[29] 王询, 姜广东. 劳动经济学[M]. 北京: 首都经济贸易大学出版社, 2008.

[30] 韦瑞. 基于劳动经济学的战略性人力资源管理探讨[J]. 现代营销(下旬刊), 2020(09): 200-201.

[31] 伍美云, 杨河清. 劳动经济学研究范式的演变[J]. 首都经济贸易大学学报, 2015, 17(03): 73-78.

[32] 肖卫. 中国劳动力城乡流动、人力资源优化配置与经济增长[J]. 中国人口科学, 2013(01): 77-87, 127-128.

[33] 徐升华, 周文霞. 新形势下人力资源管理职责与角色研究[J]. 现代管理科学, 2018(11): 100-102.

[34] 鄢志娟. 知识经济对人力资源会计的影响[J]. 经济师, 2002(02): 162-163.

[35] 杨红娟, 王乐. 企业人力资源管理中的劳动关系管理[J]. 中国商贸, 2014(19): 132-133.

[36] 尹庆双, 曹满云. 论和谐劳动关系建立对企业人力资源管理的调整[J]. 当代经济研究, 2009(04): 50-52.

[37] 袁伦渠, 林原. 劳动经济学的形成与发展[J]. 中国流通经济, 2011, 25(06): 55-58.

[38] 张娟莉. 基于劳动经济学背景下的人力资源管理探究[J]. 管理观察, 2019(21): 87-88.

[39] 赵建. 内部劳动市场理论: 人力资源管理的经济学解释[J]. 经济学家, 2009(06): 40-46.

[40] 赵军亮. 劳动经济学支持下的茶企人力资源管理探究[J]. 福建茶叶, 2018, 40(10): 353.

[41] 赵爽, 朱方伟, 苏永孟. 人力资源招聘中的逆向选择问题研究[J]. 现代管理科学, 2017(10): 30-32.

[42] 郑成顺. 浅谈如何加强人力资源管理信息化建设[J]. 中国管理信息化, 2019, 22(16): 79-80.

[43] 郑友敬, Cherrie zhu. 中国经济体制转换中的人力资源开发[J]. 数量经济技术经济研究, 1995(09): 17-21.

[44] 钟山，施杨，赵曙明. 人力资源管理实践对价值观一致性影响的跨层研究［J］. 当代财经，2017（10）：68-76.

[45] 仲理峰. 高绩效人力资源实践［M］. 北京：新华出版社，2013.

[46] 周婷婷. 劳动经济学导向下的人力资源管理分析［J］. 全国流通经济，2020（18）：103-104.

[47] 周晓美. 人力资源管理与经济可持续发展研究［J］. 生产力研究，2014（09）：11-14.